xue xiao - σχολείο   2
lü xing - ταξίδι   5
jiao tong yun shu - μεταφορά   8
cheng shi - πόλη   10
di xing - τοπίο   14
can guan - εστιατόριο   17
chao shi - σούπερ μάρκετ   20
yin liao - ποτά   22
shi wu - φαγητό   23
nong chang - αγρόκτημα   27
fang zi - σπίτι   31
ke ting - σαλόνι   33
chu fang - κουζίνα   35
yu shi - μπάνιο   38
er tong fang - παιδικό δωμάτιο   42
yi fu - ρούχα   44
ban gong shi - γραφείο   49
jing ji - οικονομία   51
zhi ye - επαγγέλματα   53
gong ju - εργαλεία   56
yue qi - μουσικά όργανα   57
dong wu yuan - ζωολογικός κήπος   59
ti yu - αθλήματα   62
huo dong - δραστηριότητες   63
jia - οικογένεια   67
shen ti - σώμα   68
yi yuan - νοσοκομείο   72
jin ji qing kuang - έκτακτη ανάγκη   76
di qiu - Γη   77
zhong biao - ρολόι   79
zhou - εβδομάδα   80
nian - έτος   81
xing zhuang - σχήματα   83
yan se - χρώματα   84
fan yi ci - αντίθετα   85
shu zi - αριθμοί   88
yu yan - γλώσσες   90
shei / shen me / zen yang - ποιος / τι / πως   91
fang wei - που   92

Impressum
Verlag: BABADADA GmbH, Nedderfeld 112 , 22529 Hamburg
Geschäftsführer / Verlagsleitung: Harald Hof
Druck: Books on Demand GmbH, In de Tarpen 42, 22848 Norderstedt

Imprint
Publisher: BABADADA GmbH, Nedderfeld 112 , 22529 Hamburg, Germany
Managing Director / Publishing direction: Harald Hof
Print: Books on Demand GmbH, In de Tarpen 42, 22848 Norderstedt

xue xiao

σχολείο

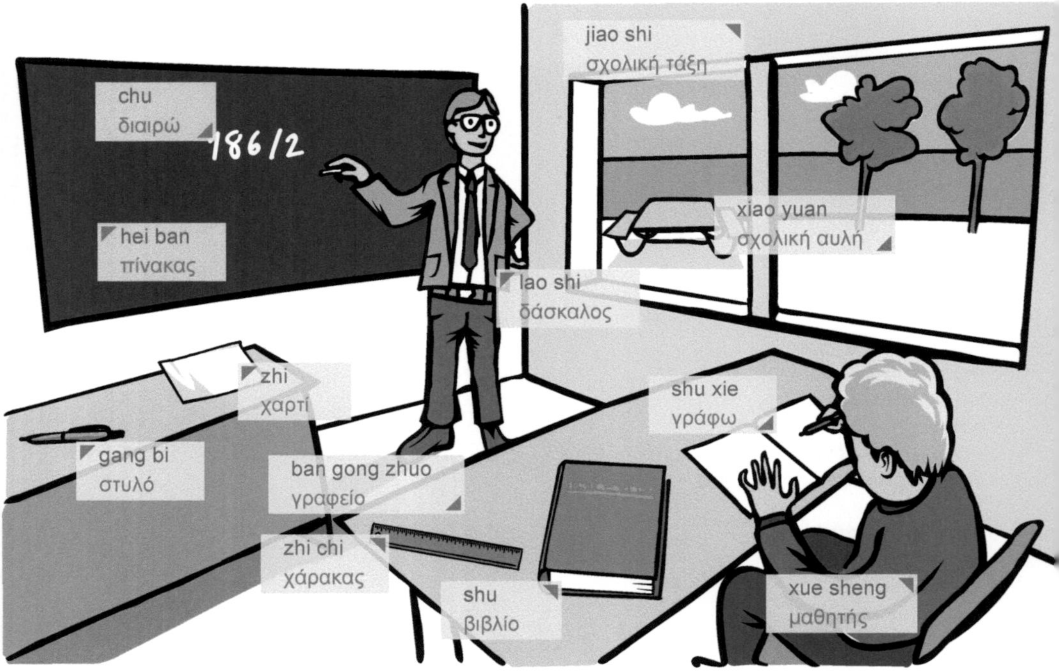
jiao shi
σχολική τάξη
chu
διαιρώ
186/2
hei ban
πίνακας
xiao yuan
σχολική αυλή
lao shi
δάσκαλος
zhi
χαρτί
shu xie
γράφω
gang bi
στυλό
ban gong zhuo
γραφείο
zhi chi
χάρακας
shu
βιβλίο
xue sheng
μαθητής

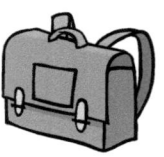

shu bao

σχολική τσάντα

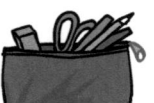

qian bi he

κασετίνα/ μολυβοθήκη

qian bi

μολύβι

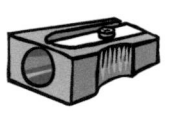

juan bi dao

ξύστρα

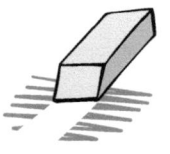

xiang pi ca

γόμα

hua ban

μπλοκ ζωγραφικής

tu hua

ζωγραφική

hua bi

πινέλο

yan liao he

κουτί χρωμάτων

jian dao

ψαλίδι

jiao shui

κόλλα

lian xi ce

τετράδιο ασκήσεων

jia ting zuo ye

εργασία για το σπίτι

shu zi

αριθμός

jia

προσθέτω

jian

αφαιρώ

cheng

πολλαπλασιάζω

ji suan

υπολογίζω

zi mu

γράμμα

zi mu biao

αλφάβητο

zi

λέξη

xue xiao - σχολείο

ke wen

κείμενο

du

διαβάζω

fen bi

κιμωλία

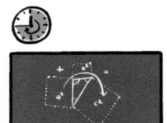

shang ke

μάθημα

deng ji

εγγράφομαι

kao shi

τεστ

zheng shu

πιστοποιητικό

xiao fu

μαθητική στολή

jiao yu

εκπαίδευση

bai ke quan shu

εγκυκλοπαίδεια

da xue

πανεπιστήμιο

xian wei jing

μικροσκόπιο

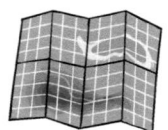

di tu

χάρτης

fei zhi kuang

καλάθι αχρήστων

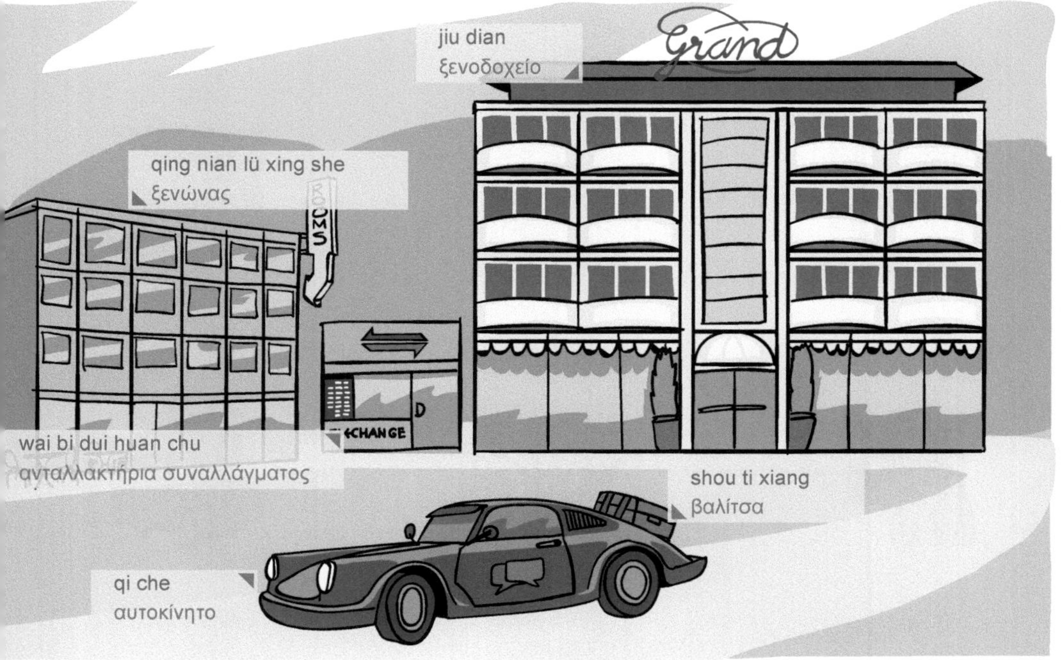
jiu dian
ξενοδοχείο
Grand
qing nian lü xing she
ξενώνας
wai bi dui huan chu
ανταλλακτήρια συναλλάγματος
shou ti xiang
βαλίτσα
qi che
αυτοκίνητο

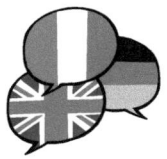

yu yan
γλώσσα

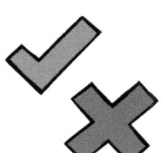

shi/fou
ναι / όχι

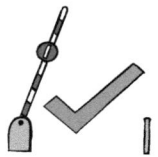

hao de
εντάξει

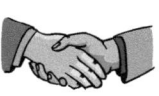

nin hao
γεια σου

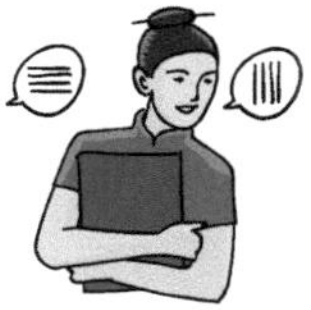

fan yi yuan
μεταφραστής

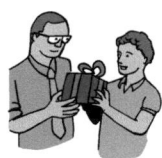

xie xie
Ευχαριστώ

......duo shao qian?

πόσο κάνει ;

wo bu ming bai

Δε καταλαβαίνω

wen ti

πρόβλημα

wan shang hao!

Καλησπέρα!

zao shang hao!

Καλημέρα!

wan an!

Καληνύχτα!

zai jian

Αντίο

fang xiang

κατεύθυνση

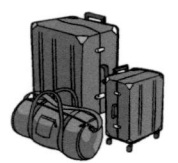

xing li

αποσκευές

bao

τσάντα

shuang jian bao

σακίδιο πλάτης

ke ren

καλεσμένος

fang jian

δωμάτιο

shui dai

υπνόσακος

zhang peng

σκηνή

lü you xin xi

τουριστικές πληροφορίες

hai tan

παραλία

xin yong ka

πιστωτική κάρτα

zao can

πρωινό

wu can

μεσημεριανό

wan can

δείπνο

piao

εισιτήριο

dian ti

ανελκυστήρας

you piao

γραμματόσημο

bian jie

σύνορα

hai guan

τελωνείο

da shi guan

πρεσβεία

qian zheng

βίζα

hu zhao

διαβατήριο

jiao tong yun shu
μεταφορά

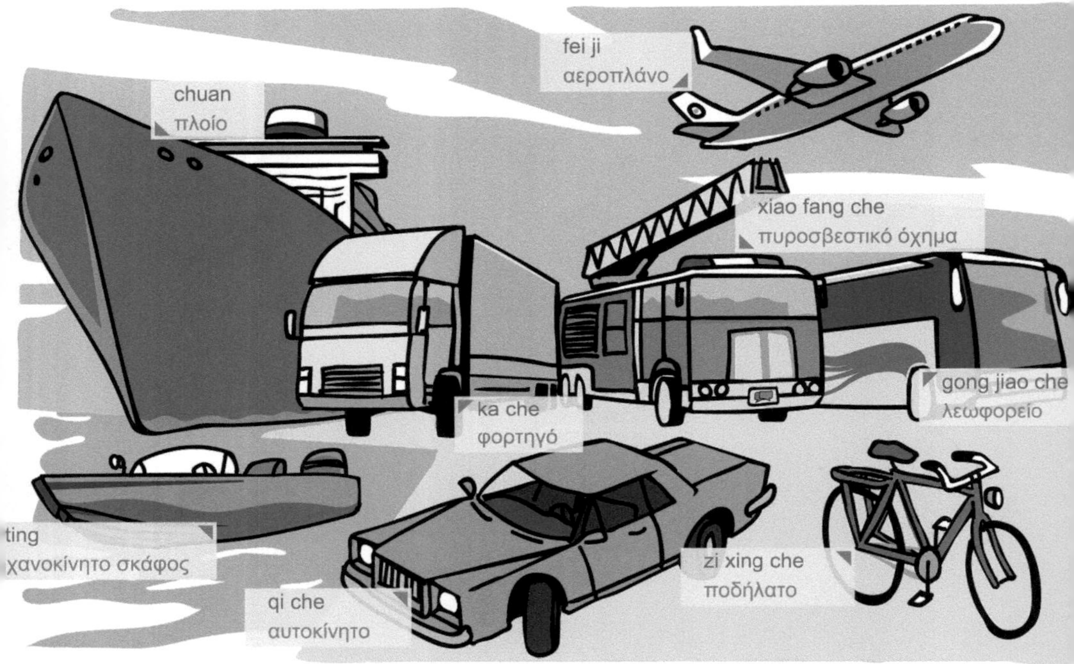

fei ji
αεροπλάνο
chuan
πλοίο
xiao fang che
πυροσβεστικό όχημα
gong jiao che
λεωφορείο
ka che
φορτηγό
ting
χανοκίνητο σκάφος
zi xing che
ποδήλατο
qi che
αυτοκίνητο

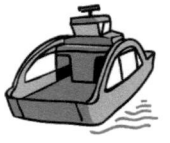

bai du chuan

φεριμπότ

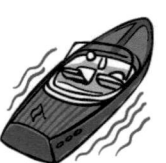

xiao chuan

βάρκα

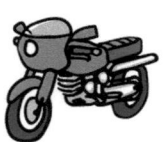

mo tuo che

μοτοσικλέτα

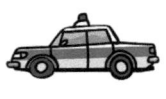

jing che

περιπολικό

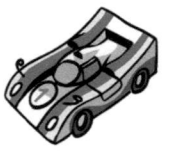

sai che

αγωνιστικό αυτοκίνητο

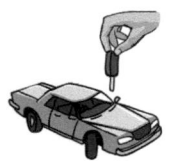

zu che

ενοικιαζόμενο αυτοκίνητο

pin che

διαμοιρασμός αυτοκινήτων

tuo che

γερανός

la ji che

απορριμματοφόρο

fa dong ji

κινητήρας

qi you

καύσιμο

jia you zhan

βενζινάδικο

jiao tong biao zhi

πινακίδα σήμανσης

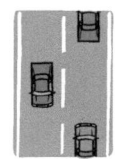

jiao tong

κυκλοφορία

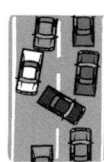

jiao tong du sai

κυκλοφοριακή συμφόρηση

ting che chang

χώρος στάθμευσης

huo che zhan

σιδηροδρομικός σταθμός

gui dao

σιδηροδρομικές γραμμές

huo che

τρένο

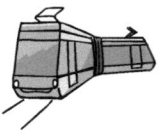

dian che

τραμ

huo che

βαγόνι

zhi sheng ji

ελικόπτερο

ji chang

αεροδρόμιο

ta

πύργος

cheng ke

επιβάτης

ji zhuang xiang

εμπορευματοκιβώτιο

zhi ban xiang

χαρτοκιβώτιο

shou tui che

καρότσι

lan zi

καλάθι

qi fei/jiang luo

απογειώνομαι /
προσγειόνομαι

cheng shi

πόλη

cun zhuang

χωριό

shi zhong xin

κέντρο της πόλης

fang zi

σπίτι

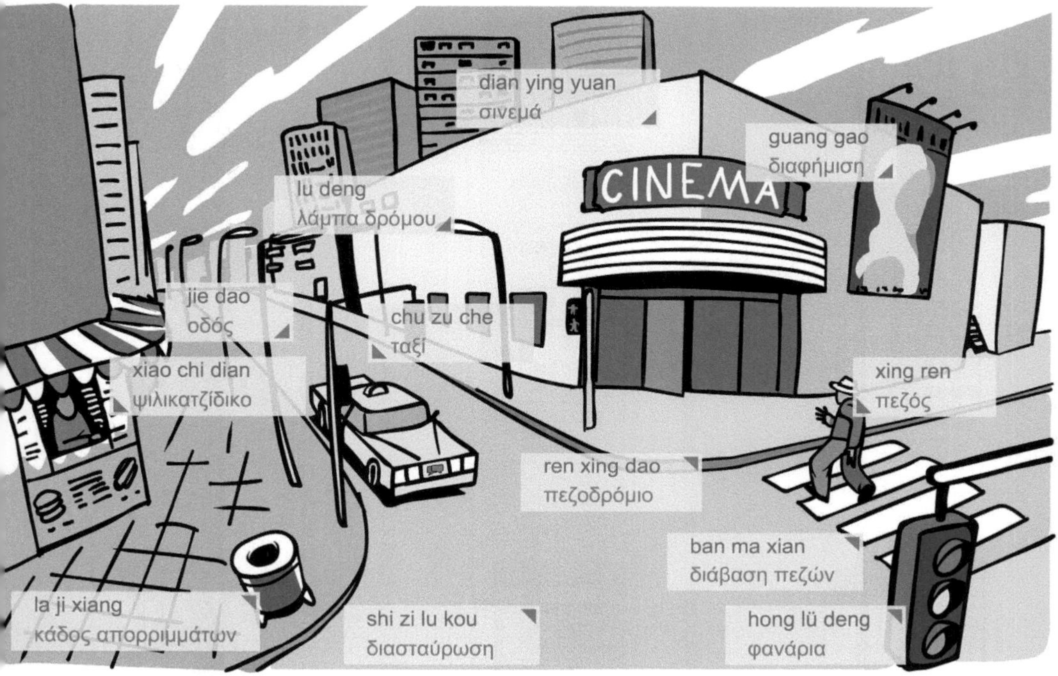

dian ying yuan
σινεμά
guang gao
διαφήμιση
CINEMA
lu deng
λάμπα δρόμου
jie dao
οδός
chu zu che
ταξί
xiao chi dian
ψιλικατζίδικο
xing ren
πεζός
ren xing dao
πεζοδρόμιο
ban ma xian
διάβαση πεζών
la ji xiang
κάδος απορριμμάτων
shi zi lu kou
διασταύρωση
hong lü deng
φανάρια

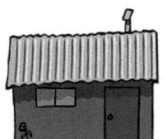

xiao wu

καλύβα

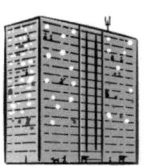

gong yu

διαμέρισμα

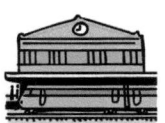

huo che zhan

σιδηροδρομικός σταθμός

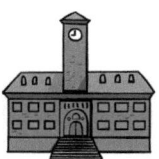

shi zheng ting

δημαρχείο

MUSEUM

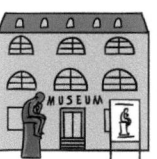

bo wu guan

μουσείο

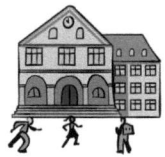

xue xiao

σχολείο

da xue

πανεπιστήμιο

yin hang

τράπεζα

yi yuan

νοσοκομείο

jiu dian

ξενοδοχείο

yao fang

φαρμακείο

ban gong shi

γραφείο

shu dian

βιβλιοπωλείο

shang dian

κατάστημα

hua dian

ανθοπωλείο

chao shi

σούπερ μάρκετ

shi chang

αγορά

bai huo shang dian

πολυκατάστημα

yu dian

ιχθυοπωλείο

gou wu zhong xin

εμπορικό κέντρο

hai gang

λιμάνι

gong yuan

πάρκο

chang deng

παγκάκι

qiao

γέφυρα

lou ti

σκάλες

di tie

μετρό

sui dao

τούνελ

gong jiao che zhan

στάση λεωφορείου

jiu ba

μπαρ

can guan

εστιατόριο

you tong

γραμματοκιβώτιο

lu biao

πινακίδα δρόμου

ting che ji shi qi

παρκόμετρο

dong wu yuan

ζωολογικός κήπος

you yong guan

πισίνα

qing zhen si

τζαμί

nong chang

αγρόκτημα

wu ran

ρύπανση

mu di

νεκροταφείο

jiao tang

εκκλησία

cao chang

παιδική χαρά

si miao

ναός

di xing

τοπίο

shu ye
φύλλο

zhi shi pai
πινακίδα κατεύθυνσης

lu
δρόμος

cao di
λιβάδι

shi tou
πέτρα

tu bu lü xing zhe
πεζοπόρος

shu
δέντρο

he
ποτάμι

cao
χορτάρι

hua
λουλούδι

xia gu

κοιλάδα

shan

λόφος

hu

λίμνη

sen lin

δάσος

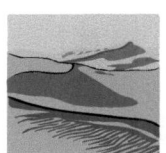

sha mo

έρημος

huo shan

ηφαίστειο

cheng bao

κάστρο

cai hong

ουράνιο τόξο

mo gu

μανιτάρι

zong lü shu

φοίνικας

wen zi

κουνούπι

cang ying

μύγα

ma yi

μυρμήγκι

mi feng

μέλισσα

zhi zhu

αράχνη

jia chong

σκαθάρι

qing wa

βάτραχος

song shu

σκίουρος

ci wei

σκαντζόχοιρος

ye tu

λαγός

mao tou ying

κουκουβάγια

niao

πουλί

tian e

κύκνος

ye zhu

αγριογούρουνο

lu

ελάφι

mi lu

άλκη

shui ba

φράγμα

feng li fa dian ji

ανεμογεννήτρια

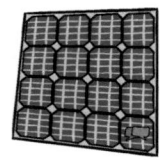

tai yang neng dian chi ban

ηλιακός συλλέκτης

qi hou

κλίμα

can guan
εστιατόριο

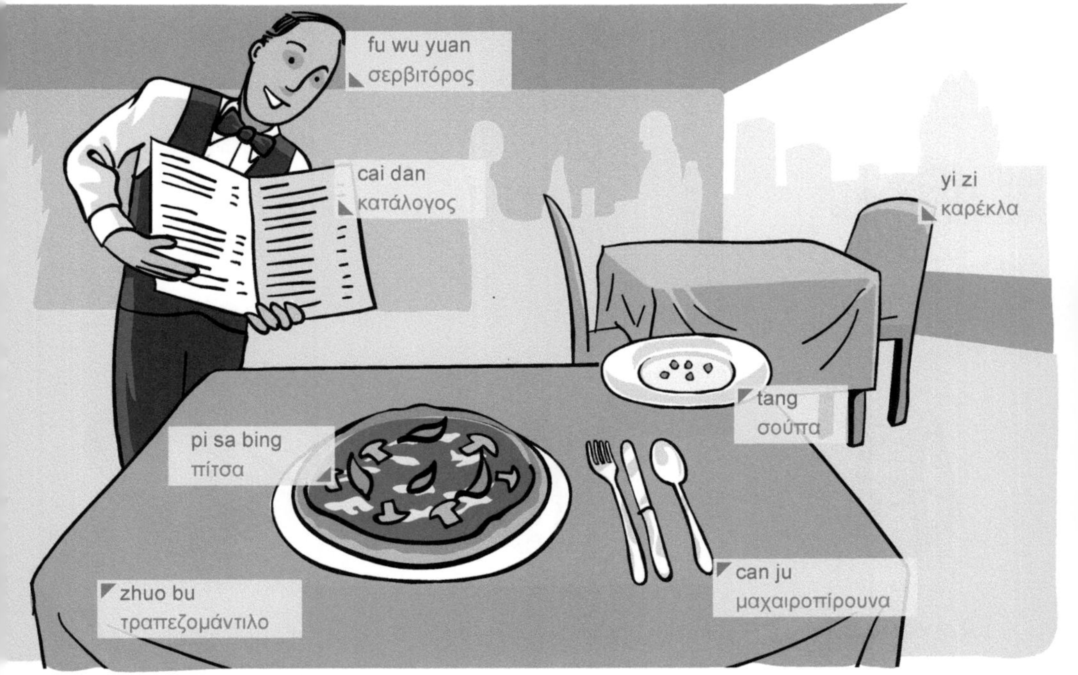

fu wu yuan
σερβιτόρος
cai dan
κατάλογος
yi zi
καρέκλα
tang
σούπα
pi sa bing
πίτσα
can ju
μαχαιροπίρουνα
zhuo bu
τραπεζομάντιλο

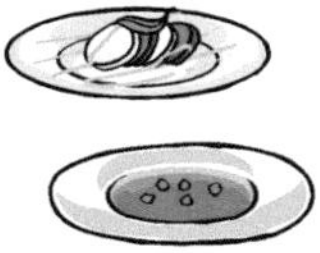

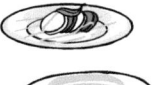

qian cai

ορεκτικό

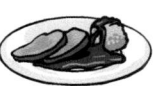

zhu cai

κύριο πιάτο

tian dian

επιδόρπιο

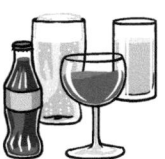

yin liao

ποτά

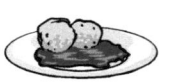

shi wu

φαγητό

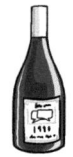

ping zi

μπουκάλι

kuai can

φαστ φουντ

jie bian xiao chi

φαγητό στ' όρθιο

cha hu

τσαγιέρα

tang he

δοχείο ζάχαρης

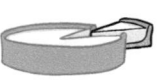

yi fen fan cai

μερίδα

yi shi ka fei ji

μηχανή εσπρέσο

gao jiao yi

ψηλή καρέκλα

zhang dan

λογαριασμός

tuo pan

δίσκος

dao

μαχαίρι

can cha

πιρούνι

shao zi

κουτάλι

cha chi

κουταλάκι του τσαγιού

can jin

πετσέτα φαγητού

bo li bei

ποτήρι

die zi

πιάτο

tang pan

πιάτο σούπας

die zi

πιατάκι φλιτζανιού

jiang

σάλτσα

yan ping

αλατιέρα

hu jiao mo

μύλος για πιπέρι

cu

ξύδι

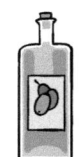

shi yong you

λάδι

tiao wei liao

μπαχαρικά

fan qie jiang

κέτσαπ

jie mo

μουστάρδα

dan huang jiang

μαγιονέζα

chao shi

σούπερ μάρκετ

te jia
προσφορά
gu ke
πελάτης
ru zhi pin
γαλακτοκομικά προϊόντα
shui guo
φρούτα
gou wu che
καρότσι για ψώνια
FOR

BUTCHERS

rou pu

κρεοπωλείο

BAKERY

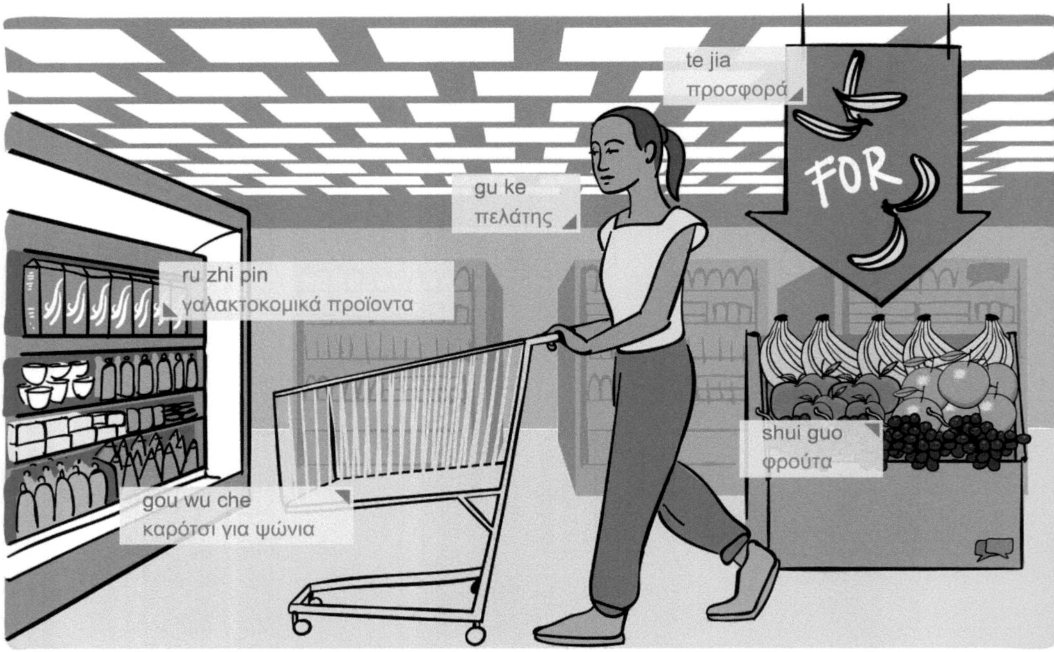

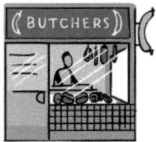

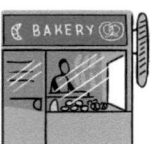

mian bao fang

φούρνος

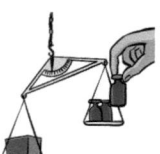

cheng zhong

ζυγίζω

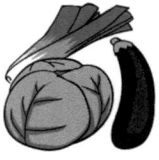

shu cai

λαχανικά

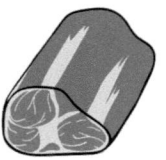

rou

κρέας

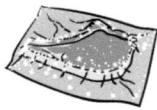

leng dong shi pin

κατεψυγμένα τρόφιμα

leng pan

αλλαντικά

guan tou shi pin

κονσερβοποιημένη τροφή

xi yi fen

απορρυπαντικό ρούχων

tian shi

γλυκά

ri yong pin

οικιακά είδη

qing jie yong pin

καθαριστικά προϊόντα

xiao shou yuan

πωλήτρια

shou yin ji

ταμείο

shou yin yuan

ταμίας

gou wu qing dan

λίστα για ψώνια

kai fang shi jian

ωράριο λειτουργίας

qian bao

πορτοφόλι

xin yong ka

πιστωτική κάρτα

dai zi

τσάντα

su liao dai

πλαστική σακούλα

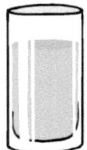

shui

νερό

guo zhi

χυμός

niu nai

γάλα

ke le

κόκα κόλα

hong jiu

κρασί

pi jiu

μπίρα

jiu

αλκοόλ

ke ke

κακάο

cha

τσάι

ka fei

καφές

yi shi nong suo ka fei

εσπρέσο

ka bu qi nuo

καπουτσίνο

xiang jiao

μπανάνα

ping guo

μήλο

cheng zi

πορτοκάλι

xi gua

πεπόνι

ning meng

λεμόνι

hu luo bo

καρότο

da suan

σκόρδο

zhu zi

μπαμπού

yang cong

κρεμμύδι

mo gu

μανιτάρι

jian guo

ξηροί καρποί

mian tiao

νουντλς

yi da li mian tiao

μακαρόνια

mi fan

ρύζι

sha la

σαλάτα

shu tiao

πατατάκια

zha tu dou

τηγανητές πατάτες

pi sa bing

πίτσα

han bao bao

χάμπουργκερ

san ming zhi

σάντουιτς

zha zhu pai

κοτολέτα

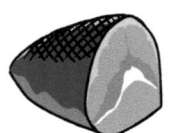

huo tui

ζαμπόν

sa la mi

σαλάμι

xiang chang

λουκάνικο

ji rou

κοτόπουλο

kao rou

ψητό

yu

ψάρι

yan mai pian

χυλός βρώμης

mu zi li

μούσλι

yu mi pian

κορν φλέικς

mian fen

αλεύρι

yang jiao mian bao

κρουασάν

mian bao juan

ψωμάκι

mian bao

ψωμί

kao mian bao

τοστ

bing gan

μπισκότα

huang you

βούτυρο

ning ru

τυρόπηγμα

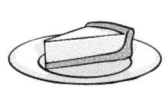

dan gao

κέικ

dan

αυγό

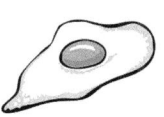

jian dan

τηγανητό αυγό

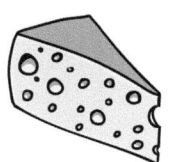

nai lao

τυρί

bing ji lin

παγωτό

tang

ζάχαρη

feng mi

μέλι

guo jiang

μαρμελάδα

qiao ke li jiang

άλλειμμα σοκολάτας

ga li fan

κάρυ

nong she
αγρόσπιτο

liang cang
αχυρώνας

dao cao kun
δεμάτι άχυρου

tian ye
χωράφι

ma
αλόγο

tuo che
ρυμουλκούμενο

ma ju
πουλάρι

tuo la ji
τρακτέρ

lü
γάιδαρος

gao yang
αρνί

yang
πρόβατο

shan yang

κατσίκα

nai niu

αγελάδα

niu du

μοσχαράκι

zhu

γουρούνι

xiao zhu

γουρουνάκι

gong niu

ταύρος

e
χήνα

ya
πάπια

xiao ji
κοτοπουλάκι

mu ji
κότα

gong ji
κόκορας

shu
αρουραίος

mao
γάτα

lao shu
ποντίκι

niu
βόδι

gou
σκύλος

gou wu
σπιτάκι σκύλου

hua yuan jiao shui ruan guan
λάστιχο κήπου

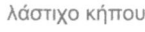

sa shui hu
ποτιστήρι

chang bing da lian dao
θεριστήρι

li
αλέτρι

lian dao

δρεπάνι

chu tou

τσάπα

chang bing cao pa

δίκρανο

fu tou

τσεκούρι

du lun shou tui che

χειράμαξα

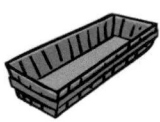

si liao cao

ταΐστρα

niu nai guan

δοχείο γάλακτος

ma bu dai

σάκος

zha lan

φράχτης

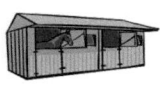

ma jiu

στάβλος

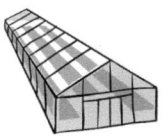

wen shi

θερμοκήπιο

tu rang

έδαφος

zhong zi

σπόρος

fei liao

λίπασμα

lian he shou ge ji

θεριζοαλωνιστική μηχανή

nong chang - αγρόκτημα

shou ge

θερίζω

shou ge

συγκομιδή

shan yao

γιαμς

xiao mai

σιτάρι

da dou

σόγια

tu dou

πατάτα

yu mi

καλαμπόκι

you cai zi

κράμβη

guo shu

οπωροφόρο δέντρο

shu shu

μανιόκα

gu wu

δημητριακά

fang zi
σπίτι

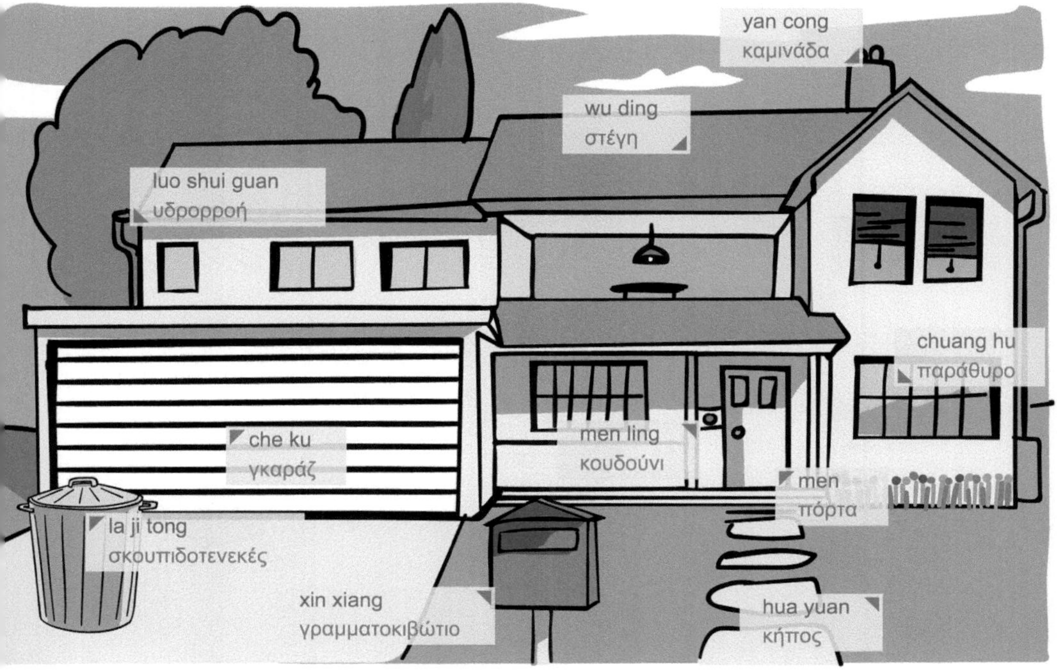
yan cong
καμινάδα
wu ding
στέγη
luo shui guan
υδρορροή
chuang hu
παράθυρο
che ku
γκαράζ
men ling
κουδούνι
men
πόρτα
la ji tong
σκουπιδοτενεκές
xin xiang
γραμματοκιβώτιο
hua yuan
κήπος

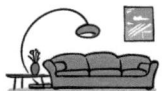

ke ting

σαλόνι

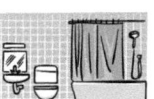

yu shi

μπάνιο

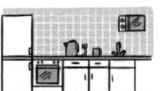

chu fang

κουζίνα

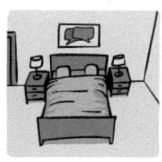

wo shi

υπνοδωμάτιο

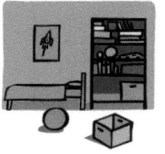

er tong fang

παιδικό δωμάτιο

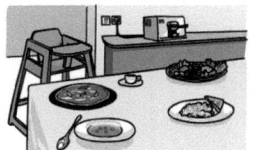

can ting

τραπεζαρία

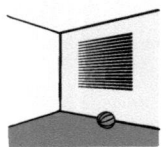

di ban

πάτωμα

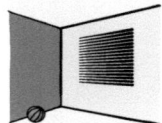

qiang bi

τοίχος

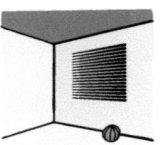

diao ding

οροφή

di jiao

κελάρι

sang na

σάουνα

yang tai

μπαλκόνι

lu tai

βεράντα

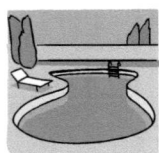

you yong chi

πισίνα

ge cao ji

μηχανή του γκαζόν

bei dan

σεντόνι

chuang zhao

κάλυμμα κρεβατιού

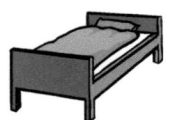

chuang

κρεβάτι

sao zhou

σκούπα

shui tong

κουβάς

kai guan

διακόπτης

ke ting
σαλόνι

bi zhi
ταπετσαρία
zhao pian
φωτογραφία
tai deng
λάμπα
ge jia
ράφι
chu gui
ντουλάπι
dian shi ji
τηλεόραση
bi lu
τζάκι
hua
λουλούδι
dian zi
μαξιλάρι
sha fa
καναπές
hua ping
βάζο
yao kong qi
τηλεκοντρόλ

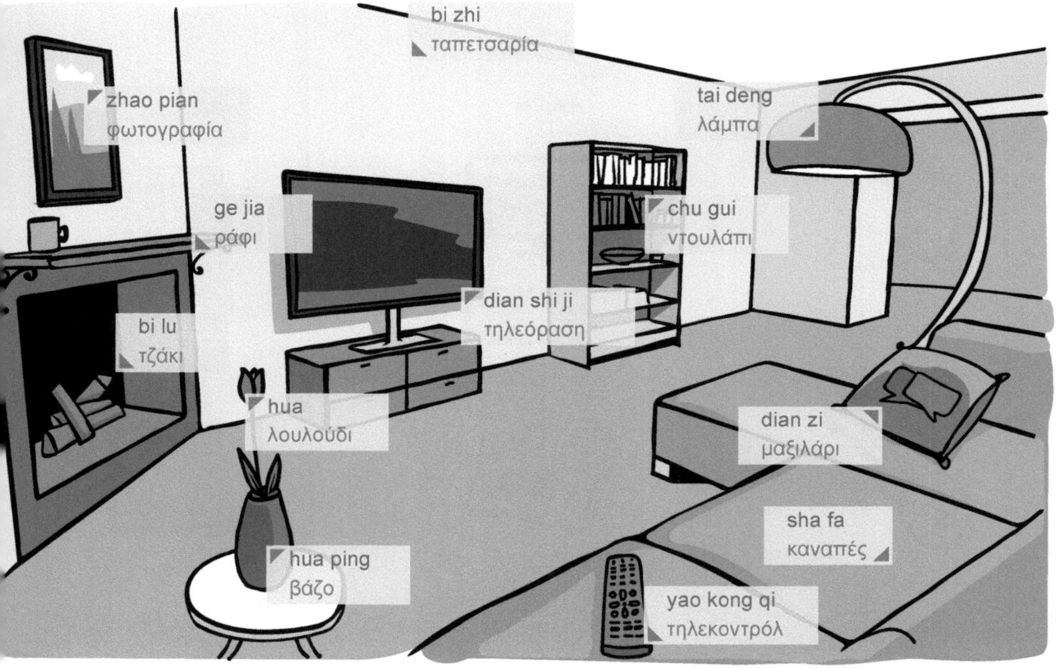

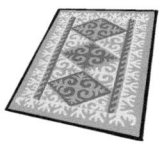

di tan

χαλί

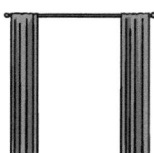

chuang lian

κουρτίνα

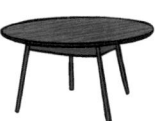

can zhuo

τραπέζι

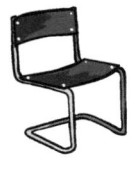

yi zi

καρέκλα

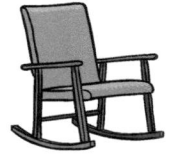

yao yi

κουνιστή πολυθρόνα

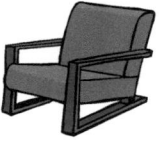

fu shou yi

πολυθρόνα

shu

βιβλίο

tan zi

κουβέρτα

zhuang shi pin

διακόσμηση

mu chai

καυσόξυλα

dian ying

ταινία

gao bao zhen yin xiang

στερεοφωνικό σύστημα

yao shi

κλειδί

bao zhi

εφημερίδα

you hua

πίνακας ζωγραφικής

hai bao

αφίσα

shou yin ji

ραδιόφωνο

bi ji ben

σημειωματάριο

xi chen qi

ηλεκτρική σκούπα

xian ren zhang

κάκτος

la zhu

κερί

chu fang
κουζίνα

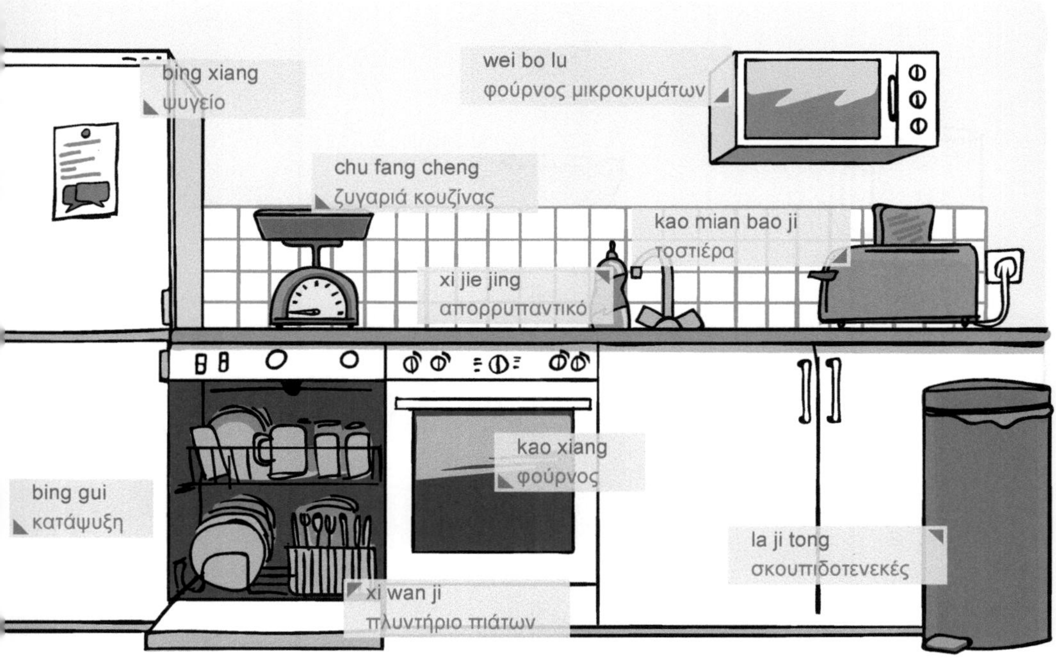
bing xiang
ψυγείο
wei bo lu
φούρνος μικροκυμάτων
chu fang cheng
ζυγαριά κουζίνας
kao mian bao ji
τοστιέρα
xi jie jing
απορρυπαντικό
kao xiang
φούρνος
bing gui
κατάψυξη
la ji tong
σκουπιδοτενεκές
xi wan ji
πλυντήριο πιάτων

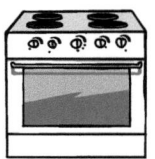

chui ju

κουζίνα

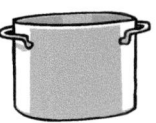

guo

κατσαρόλα

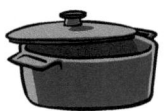

zhu tie guo

μαντεμένια κατσαρόλα

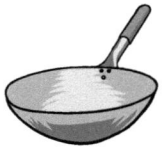

sha guo

γουόκ/καντάι

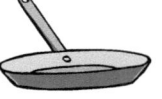

ping di guo

τηγάνι

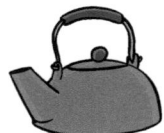

shui hu

βραστήρας

zheng guo

ατμομάγειρας

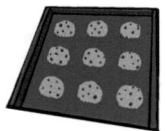

kao pan

ταψί

tao ci guo

πιατικά

ma ke bei

κούπα

wan

μπολ

kuai zi

ξυλάκια

chang bing shao

κουτάλα

chan zi

σπάτουλα

jiao ban qi

ανακατεύω

lü wang

σουρωτήρι

shai zi

σουρωτηράκι

mo sui ji

τρίφτης

yan bo

γουδί

shao kao

ψησταριά

ming huo

ανοιχτή φωτιά

cai ban

σανίδα κοπής

gan mian zhang

πλάστης

kai ping qi

ανοιχτήρι φελλών

guan zi

κονσέρβα

kai ping qi

ανοιχτήρι κονσέρβας

ge re shou tao

γάντι φούρνου

shui cao

νεροχύτης

shua zi

βούρτσα

hai mian

σφουγγάρι

jiao ban ji

μπλέντερ

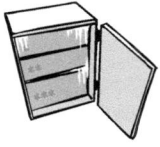

leng cang xiang

καταψύκτης

nai ping

μπιμπερό

shui long tou

βρύση

yu shi
μπάνιο

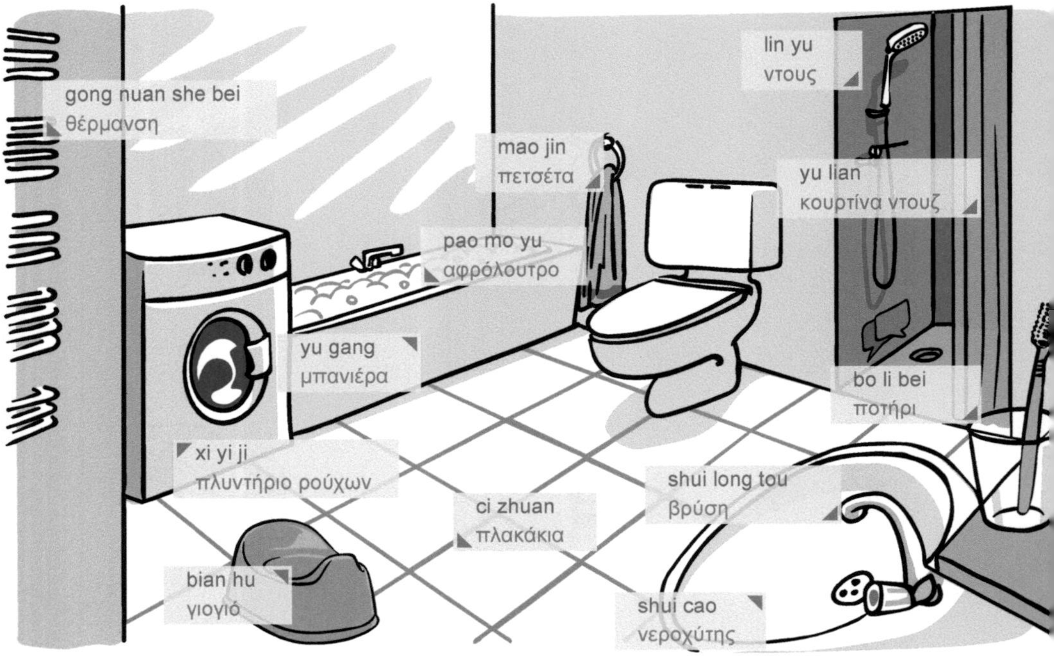

gong nuan she bei
θέρμανση
mao jin
πετσέτα
lin yu
ντους
yu lian
κουρτίνα ντουζ
pao mo yu
αφρόλουτρο
yu gang
μπανιέρα
bo li bei
ποτήρι
xi yi ji
πλυντήριο ρούχων
shui long tou
βρύση
ci zhuan
πλακάκια
bian hu
γιογιό
shui cao
νεροχύτης

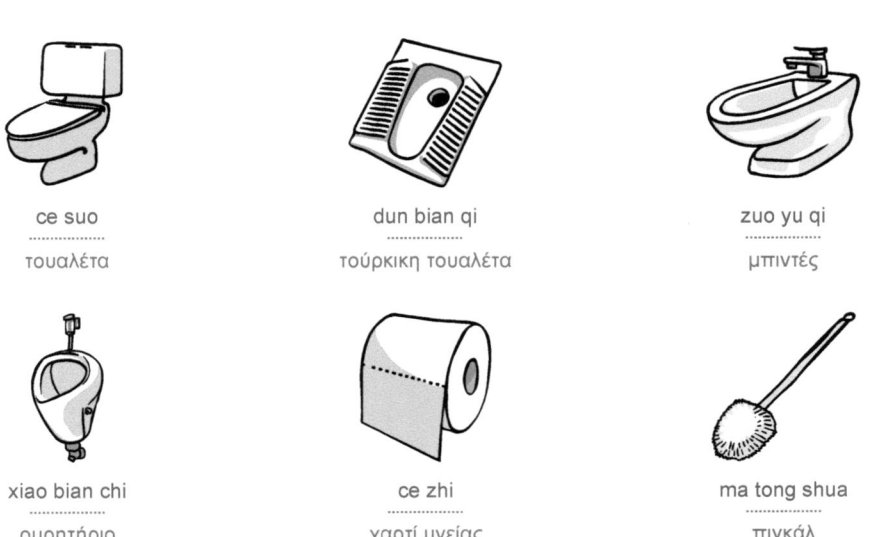

ce suo

τουαλέτα

dun bian qi

τούρκικη τουαλέτα

zuo yu qi

μπιντές

xiao bian chi

ουρητήριο

ce zhi

χαρτί υγείας

ma tong shua

πιγκάλ

ya shua

οδοντόβουρτσα

ya gao

οδοντόκρεμα

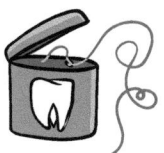

ya xian

οδοντικό νήμα

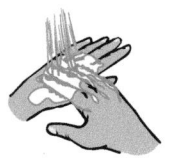

xi

πλένω

shou chi shi pen lin tou

τηλέφωνο ντους

chong xi qi

ντουσιέρα

xi lian pen

λεκάνη

ca bei shua

βούρτσα πλάτης

fei zao

σαπούνι

mu yu lu

αφρόλουτρο

xi fa shui

σαμπουάν

fa lan rong

φανέλα

pai shui

σιφόνι

ru shuang

κρέμα

chu chou ji

αποσμητικό

jing zi

καθρέφτης

shou jing

καθρέφτης χειρός

ti xu dao

ξυραφάκι

ti xu pao mo

αφρός ξυρίσματος

xu hou shui

αφτερσέιβ

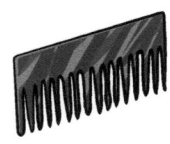

shu zi

χτένα

shua zi

βούρτσα

chui feng ji

σεσουάρ

pen fa ding xing ji

λακ

hua zhuang pin

μακιγιάζ

chun gao

κραγιόν

zhi jia you

βερνίκι νυχιών

hua zhuang mian

βαμβάκι

zhi jia jian

ψαλίδι νυχιών

xiang shui

άρωμα

xi shu bao

νεσεσέρ

deng zi

σκαμπό

ji zhong cheng

ζυγαριά

yu pao

μπουρνούζι

xiang jiao shou tao

ελαστικά γάντια

wei sheng mian tiao

ταμπόν

wei sheng jin

πετσέτα υγιεινής

hua xue ce suo

χημική τουαλέτα

er tong fang
παιδικό δωμάτιο

nao zhong
ξυπνητήρι
mao rong wan ju
λούτρινο ζωάκι
wan ju che
αυτοκινητάκι
bo lang gu
κουδουνίστρα
wan ju wu
κουκλόσπιτο
li wu
δώρο

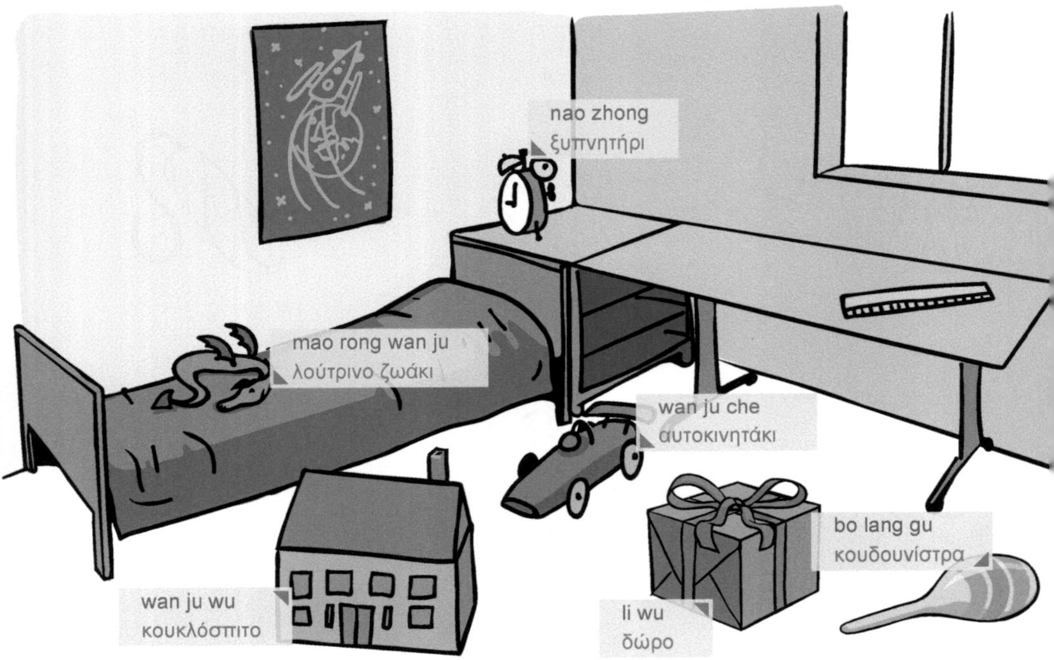

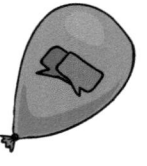

qi qiu

μπαλόνι

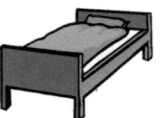

chuang

κρεβάτι

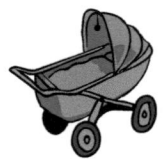

(yang wa wa yong)ying er che

καροτσάκι

pu ke pai

τράπουλα

pin tu

παζλ

SUPER
MEGA

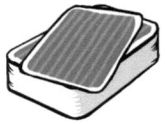

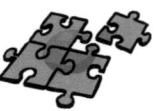

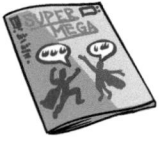

man hua

κόμικς

le gao ji mu

τουβλάκια lego

ji mu wan ju

τουβλάκια κατασκευών

wan ju ren

φιγούρα δράσης

ying er fu

βρεφικό φορμάκι

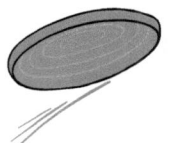

fei pan

φρίσμπι

chuang ling wan ju

μόμπιλο

qi pan you xi

επιτραπέζιο παιχνίδι

shai zi

ζάρια

huo che mo xing

σετ τρενάκι

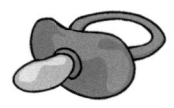

an fu nai zui

πιπίλα

ju hui

πάρτι

hui ben

εικονογραφημένο βιβλίο

qiu

μπάλα

yang wa wa

κούκλα

wan

παίζω

sha keng

σκάμμα με άμμο

qiu qian

κούνια

wan ju

παιχνίδια

you xi ji

κονσόλα βιντεοπαιχνιδιών

san lun che

τρίκυκλο

tai di xiong

αρκουδάκι

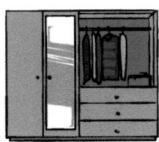

yi chu

ντουλάπα

yi fu

ρούχα

wa zi

κάλτσες

chang wa

καλτσοδέτες

jin shen ku

καλσόν

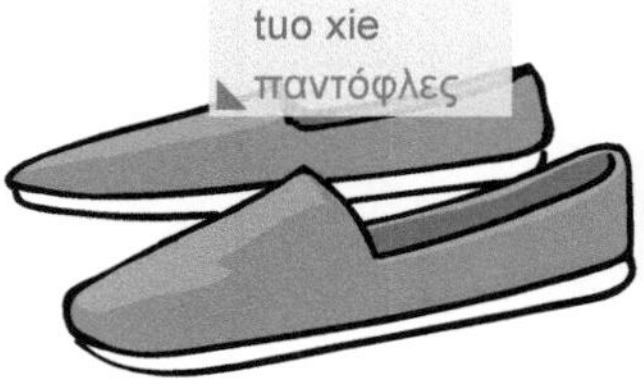

wei jin
κασκόλ

pi dai
ζώνη

yu san
ομπρέλα

T xu
μπλουζάκι

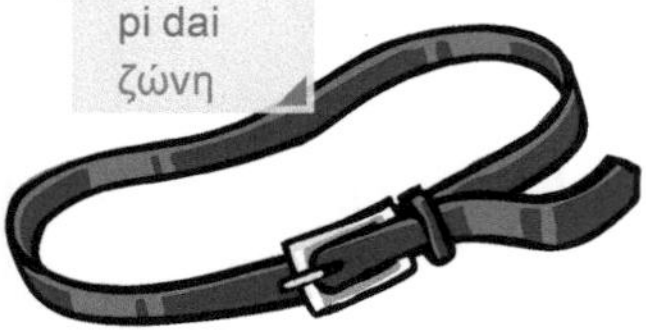

xue zi
μπότες

tuo xie
παντόφλες

yun dong xie
αθλητικά παπούτσια

liang xie
....
σανδάλια

xie
....
παπούτσια

yu xue
....
γαλότσες

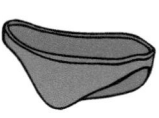

nei ku
....
εσώρουχο

xiong zhao
....
σουτιέν

bei xin
....
φανέλα

shen ti

σώμα

ku zi

παντελόνι

niu zai ku

τζιν παντελόνι

duan qun

φούστα

nü shi chen shan

μπλούζα

chen shan

πουκάμισο

tao tou shan

πουλόβερ

wei yi

πουλόβερ

xi zhuang jia ke

σακάκι

jia ke

μπουφάν

wai tao

παλτό

yu yi

αδιάβροχο πανωφόρι

tao zhuang

κοστούμι

lian yi qun

φόρεμα

hun sha

νυφικό

xi zhuang

κοστούμι

shui pao

νυχτικό

shui yi

πιτζάμες

sha li

σάρι

tou jin

μαντήλι

bao tou jin

τουρμπάνι

bo ka

μπούρκα

ka fu tan

καφτάνι

(a la bo shi)chang pao

μουσουλμανικό ένδυμα

yong yi

ολόσωμο μαγιό

nan shi yong ku

ανδρικό μαγιό

duan ku

σορτς

yun dong fu

αθλητική φόρμα

wei qun

ποδιά

shou tao

γάντια

yi fu - ρούχα

niu kou

κουμπί

yan jing

γυαλιά

shou lian

βραχιόλι

xiang lian

περιδέραιο

jie zhi

δαχτυλίδι

er huan

σκουλαρίκι

bian mao

καπέλο

yi jia

κρεμάστρα

mao zi

καπέλο

ling dai

γραβάτα

la lian

φερμουάρ

tou kui

κράνος

bei dai

τιράντες

xiao fu

μαθητική στολή

zhi fu

στολή

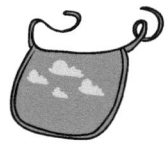

wei dou

σαλιάρα

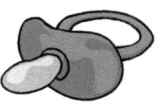

an fu nai zui

πιπίλα

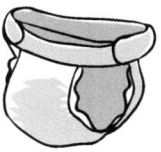

niao bu shi

πάνα

ban gong shi
γραφείο

fu wu qi
σέρβερ
wen jian gui
αρχειοθήκη
da yin ji
εκτυπωτής
zhi
χαρτί
xian shi ping
οθόνη
ban gong zhuo
γραφείο
shu biao
ποντίκι
wen jian jia
ντοσιέ
jian pan
πληκτρολόγιο
fei zhi kuang
καλάθι αχρήστων
dian nao
υπολογιστής
yi zi
καρέκλα

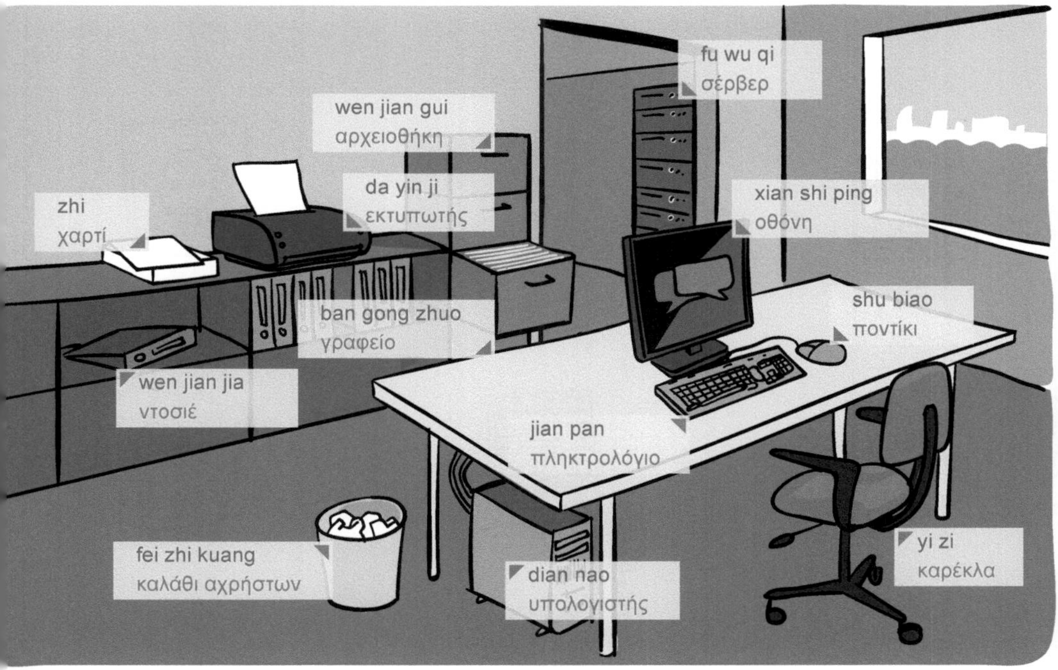

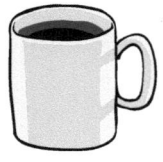

ka fei bei

κούπα του καφέ

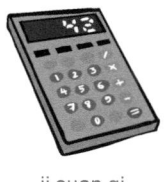

ji suan qi

κομπιουτεράκι

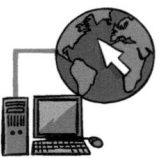

yin te wang

ίντερνετ

bi ji ben dian nao

λάπτοπ

xin jian

γράμμα

xiao xi

μήνυμα

shou ji

κινητό

wang luo

δίκτυο

fu yin ji

φωτοτυπικό μηχάνημα

ruan jian

λογισμικό

dian hua

τηλέφωνο

cha zuo

πρίζα

chuan zhen ji

συσκευή φαξ

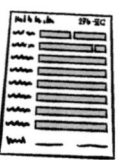

biao ge

έντυπο

wen jian

έγγραφο

mai

αγοράζω

fu qian

πληρώνω

jiao yi

συναλλάσσομαι

xian jin

χρήματα

mei yuan

δολάριο

ou yuan

ευρώ

ri yuan

γιεν

lu bu

ρούβλι

rui shi fa lang

ελβετικό φράγκο

ren min bi

ρενμίνμπι γιουάν

lu bi

ρουπία

ti kuan chu

ATM (αυτόματη ταμειακή μηχανή)

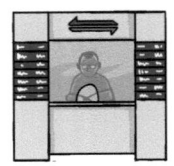

wai bi dui huan chu

ανταλλακτήρια συναλλάγματος

jin

χρυσός

yin

ασήμι

shi you

πετρέλαιο

neng yuan

ενέργεια

jia ge

τιμή

he tong

συμβόλαιο

shui jin

φόρος

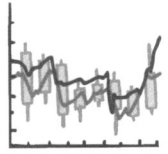

gu piao

μετοχή

gong zuo

δουλεύω

zhi yuan

υπάλληλος

lao ban

εργοδότης

gong chang

εργοστάσιο

shang dian

κατάστημα

zhi ye
επαγγέλματα

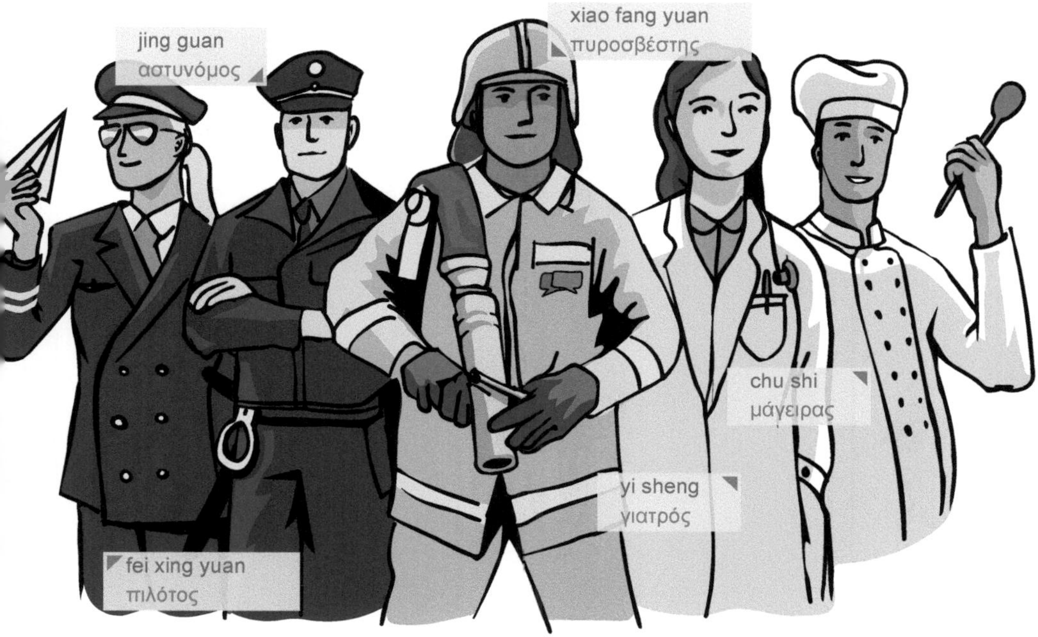
jing guan
αστυνόμος
xiao fang yuan
πυροσβέστης
chu shi
μάγειρας
yi sheng
γιατρός
fei xing yuan
πιλότος

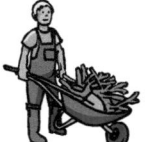

yuan ding

κηπουρός

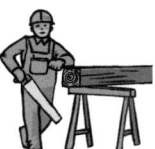

mu jiang

ξυλουργός

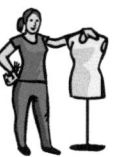

cai feng

μοδίστρα

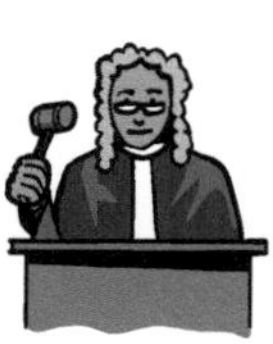

fa guan

δικαστής

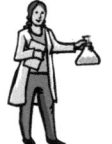

hua xue jia

χημικός

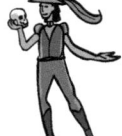

yan yuan

ηθοποιός

gong jiao che si ji

οδηγός λεωφορείου

chu zu che si ji

ταξιτζής

yu fu

ψαράς

qing jie nü gong

καθαρίστρια

wu ding gong

τεχνίτης στεγών

fu wu yuan

σερβιτόρος

lie ren

κυνηγός

hua jia

ζωγράφος

mian bao shi

αρτοποιός

dian gong

ηλεκτρολόγος

jian zhu gong ren

οικοδόμος

gong cheng shi

μηχανολόγος

tu fu

κρεοπώλης

shui guan gong

υδραυλικός

you di yuan

ταχυδρόμος

shi bing

στρατιώτης

jian zhu shi

αρχιτέκτονας

shou yin yuan

ταμίας

hua nong

ανθοπώλης

li fa shi

κομμωτής

shou piao yuan

ελεγκτής εισιτηρίων

ji xie shi

μηχανικός

chuan zhang

καπετάνιος

ya yi

οδοντίατρος

ke xue jia

επιστήμονας

la bi

ραβίνος

yi ma mu

ιμάμης

he shang

μοναχός

mu shi

ιερέας

gong ju
εργαλεία

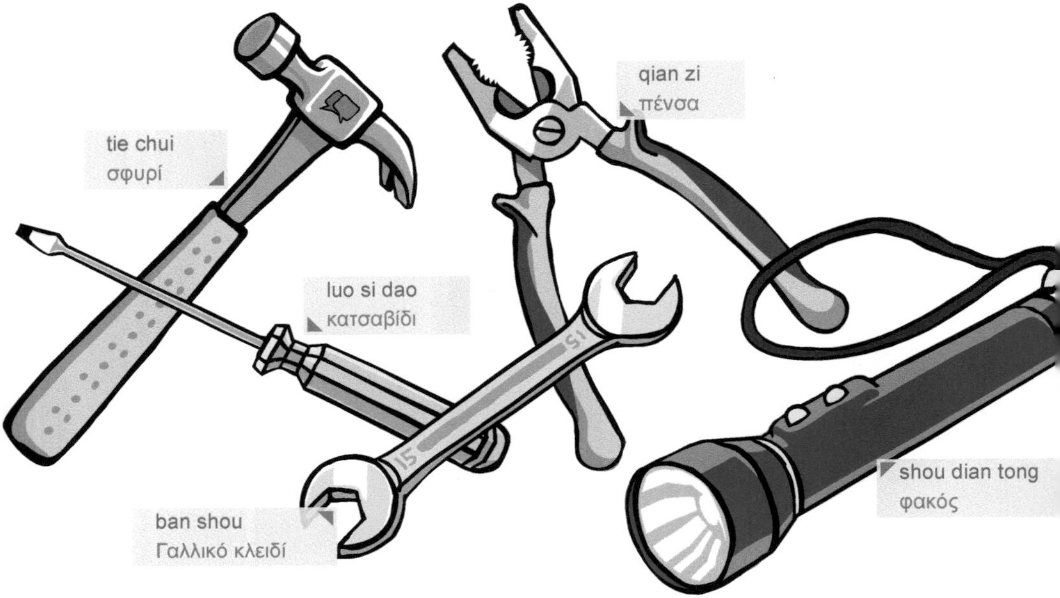

tie chui
σφυρί
qian zi
πένσα
luo si dao
κατσαβίδι
shou dian tong
φακός
ban shou
Γαλλικό κλειδί

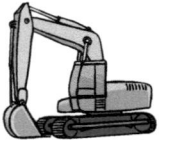

wa jue ji

εκσκαφέας

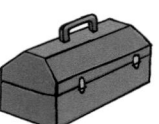

gong ju xiang

εργαλειοθήκη

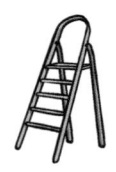

ti zi

σκάλα

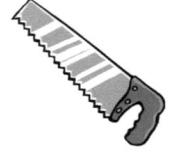

ju zi

πριόνι

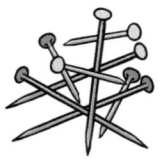

ding zi

καρφιά

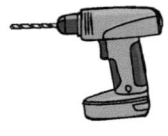

zuan ji

τρυπάνι

xiu

επισκευάζω

chan zi

φτυάρι

kao!

Να πάρει!

bo ji

φαράσι

you qi tong

δοχείο χρωμάτων

luo si

βίδες

yue qi

μουσικά όργανα

da ji yue qi
ντραμς

yang sheng qi
μεγάφωνο

ji ta
κιθάρα

di yin ti qin
κοντραμπάσο

xiao hao
τρομπέτα

gang qin

πιάνο

xiao ti qin

βιολί

bei si

μπάσο

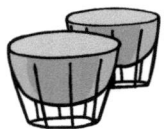

ding yin gu

τύμπανα

gu

τύμπανο

dian zi qin

πλήκτρα

sa ke si guan

σαξόφωνο

chang di

φλάουτο

mai ke feng

μικρόφωνο

dong wu yuan
ζωολογικός κήπος

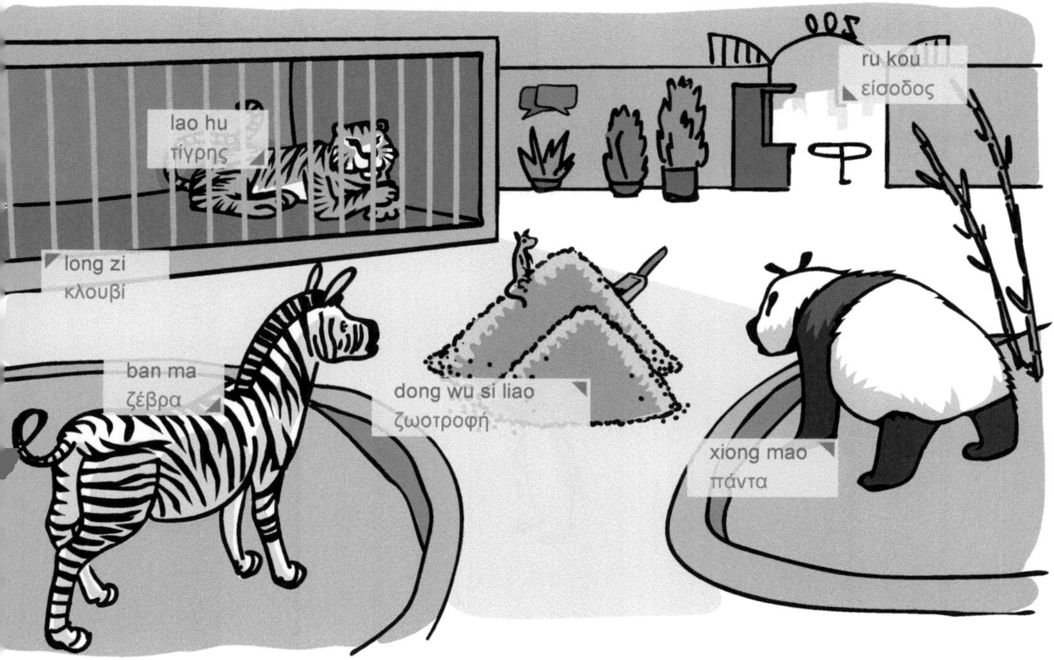

ru kou
είσοδος
lao hu
τίγρης
long zi
κλουβί
ban ma
ζέβρα
dong wu si liao
ζωοτροφή
xiong mao
πάντα

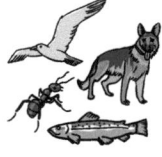

dong wu

ζώα

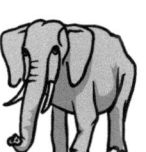

da xiang

ελέφαντας

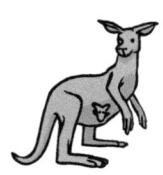

dai shu

καγκουρό

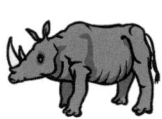

xi niu

ρινόκερος

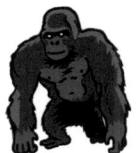

da xing xing

γορίλας

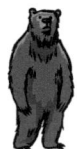

xiong

αρκούδα

luo tuo

καμήλα

tuo niao

στρουθοκάμηλος

shi zi

λιοντάρι

hou zi

πίθηκος

huo lie niao

φλαμίνγκο

ying wu

παπαγάλος

bei ji xiong

πολική αρκούδα

qi e

πιγκουίνος

sha yu

καρχαρίας

kong que

παγώνι

she

φίδι

e yu

κροκόδειλος

dong wu yuan guan li yuan

φύλακας ζωολογικού κήπου

hai bao

φώκια

mei zhou bao

τζάγκουαρ

ai zhong ma

πόνυ

bao

λεοπάρδαλη

he ma

ιπποπόταμος

chang jing lu

καμηλοπάρδαλη

lao ying

αετός

ye zhu

αγριογούρουνο

yu

ψάρι

gui

χελώνα

hai xiang

θαλάσσιος ίππος

hu li

αλεπού

ling yang

γαζέλα

gan lan qiu
Αμερικάνικο ποδόσφαιρο

qi zi xing che
ποδηλασία

wang qiu
αντισφαίριση

lan qiu
μπάσκετ

you yong
κολύμβηση

quan ji
πυγμαχία

bing qiu
χόκεϋ επί πάγου

ying shi zu qiu

ποδόσφαιρο

yu mao qiu

μπάντμιντον

tian jing

στίβος

shou qiu

χάντμπολ

hua xue

σκι

ma qiu

πόλο

huo dong
δραστηριότητες

xiao
γελάω
tiao
πηδάω
yong bao
αγκαλιάζω
zou lu
περπατάω
chang
τραγουδάω
zuo meng
ονειρεύομαι
qi dao
προσεύχομαι
qin wen
φιλάω

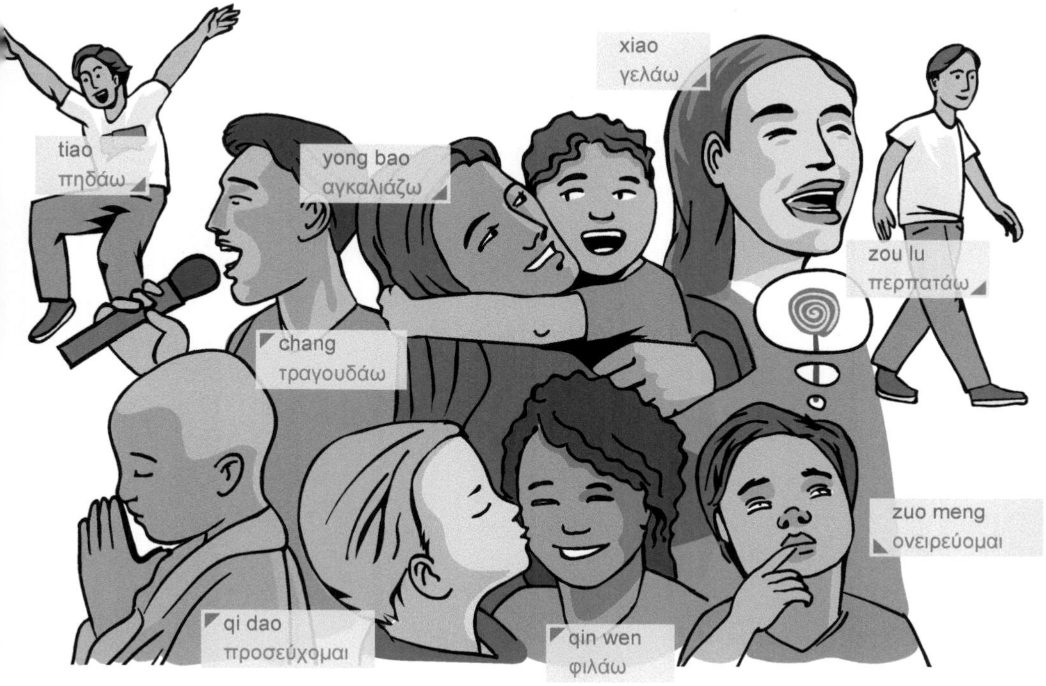

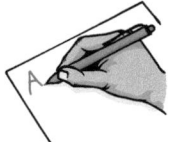

shu xie

γράφω

hua

σχεδιάζω

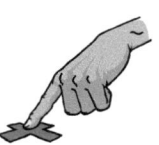

zhan shi

δείχνω

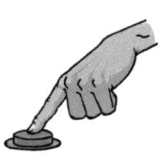

tui

πιέζω

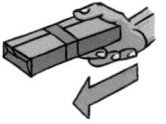

gei

δίνω

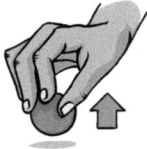

na

παίρνω

you

έχω

zuo

κάνω

dang

είμαι

zhan

στέκομαι

pao

τρέχω

la

τραβάω

reng

ρίχνω

shuai dao

πέφτω

tang

ξαπλώνω

deng dai

περιμένω

xie dai

κουβαλώ

zuo

κάθομαι

chuan yi

φοράω

shui jiao

κοιμάμαι

xing lai

ξυπνάω

kan

κοιτάω

ku

κλαίω

fu mo

χαϊδεύω

shu tou

χτενίζω

jiao tan

μιλάω

ming bai

καταλαβαίνω

wen

ρωτάω

ting

ακούω

he

πίνω

chi

τρώω

qing li

συγυρίζω

ai

αγαπάω

zuo fan

μαγειρεύω

kai che

οδηγώ

fei

πετάω

hang xing

κάνω ιστιοπλοΐα

ji suan

υπολογίζω

du

διαβάζω

xue xi

μαθαίνω

gong zuo

δουλεύω

jie hun

παντρεύομαι

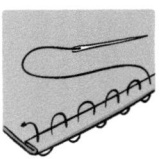

feng

ράβω

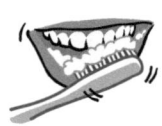

shua ya

βουρτσίζω τα δόντια

sha

σκοτώνω

chou yan

καπνίζω

ji

στέλνω

zu mu
γιαγιά

zu fu
παππούς

fu qin
πατέρας

mu qin
μητέρα

ying tong
μωρό

nü er
κόρη

er zi
γιος

ke ren

καλεσμένος

a yi

θεία

shu shu

θείος

xiong di

αδελφός

jie mei

αδελφή

shen ti

σώμα

qian e
μέτωπο
yan jing
μάτι
jian bang
ώμος
shou zhi
δάχτυλο
lian
πρόσωπο
xia ba
πιγούνι
shou
χέρι
tui
πόδι
ru fang
στήθος
shou bi
βραχίονας

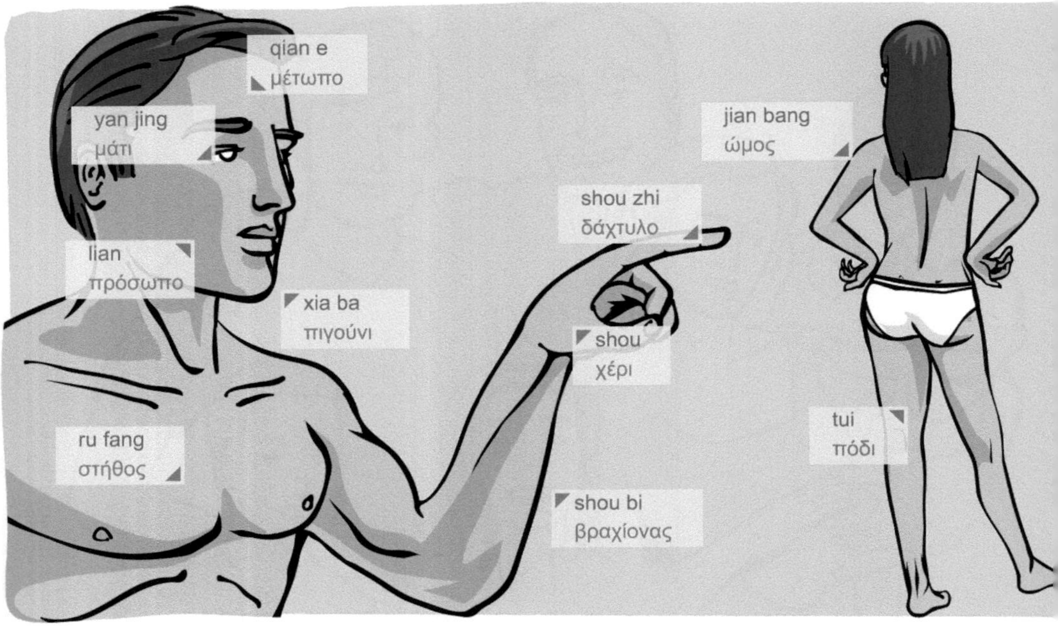

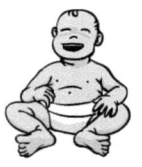

ying tong

μωρό

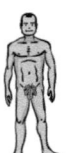

nan ren

άνδρας

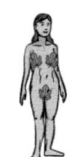

nü ren

γυναίκα

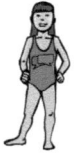

nü hai

κορίτσι

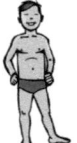

nan hai

αγόρι

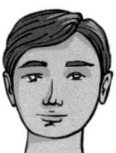

tou

κεφάλι

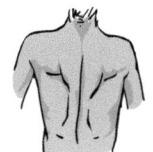

bei bu

πλάτη

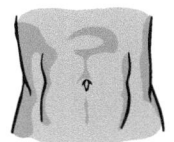

du zi

κοιλιά

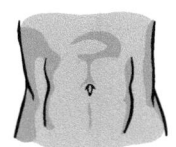

du qi

αφαλός

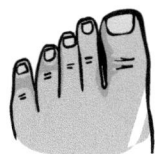

jiao zhi

δάχτυλο ποδιού

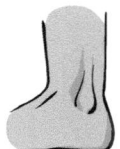

jiao hou gen

φτέρνα

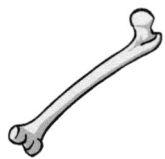

gu tou

κόκκαλο

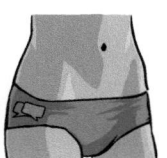

tun bu

γοφός

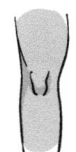

xi gai

γόνατο

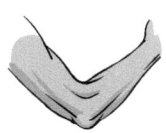

shou zhou

αγκώνας

bi zi

μύτη

pi gu

γλουτός

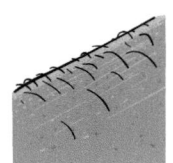

pi fu

δέρμα

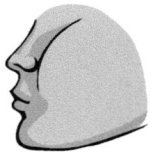

lian jia

μάγουλο

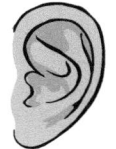

er duo

αυτί

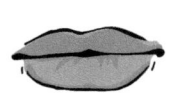

zui chun

χείλος

zui

στόμα

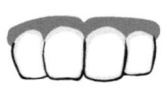

ya chi

δόντι

she tou

γλώσσα

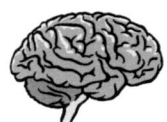

nao

εγκέφαλος

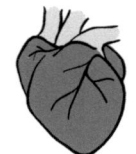

xin zang

καρδιά

ji rou

μυς

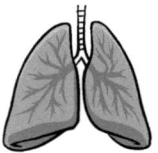

fei

πνεύμονας

gan zang

συκώτι

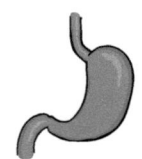

wei

στομάχι

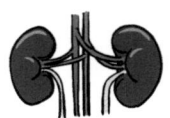

shen zang

νεφρά

xing jiao

σεξουαλική επαφή

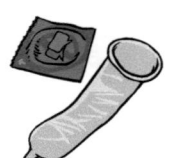

bi yun tao

προφυλακτικό

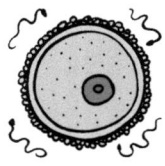

luan zi

ωάριο

jing zi

σπέρμα

huai yun

εγκυμοσύνη

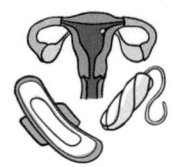

yue jing

περίοδος

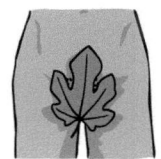

yin dao

γυναικείος κόλπος

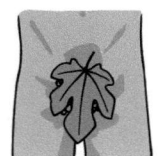

yin jing

πέος

mei mao

φρύδι

tou fa

μαλλιά

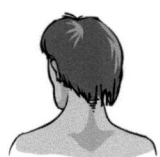

bo zi

λαιμός

yi yuan
νοσοκομείο

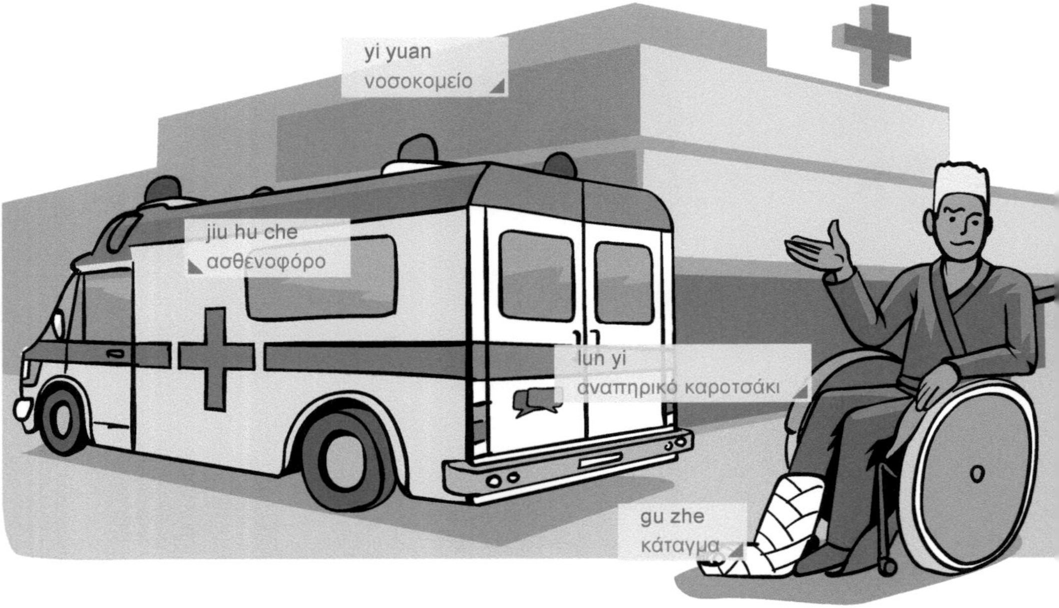

yi yuan
νοσοκομείο
jiu hu che
ασθενοφόρο
lun yi
αναπηρικό καροτσάκι
gu zhe
κάταγμα

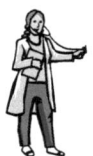

yi sheng

γιατρός

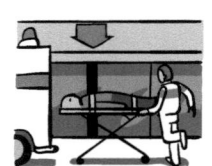

ji zhen shi

μονάδα εντατικής θεραπείας

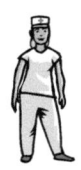

hu shi

νοσοκόμα

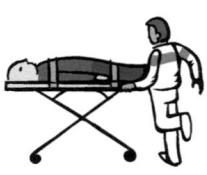

jin ji qing kuang

έκτακτη ανάγκη

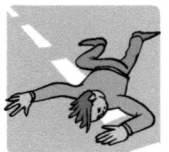

hun mi

λιπόθυμος

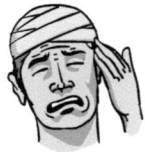

tong

πόνος

shou shang

τραύμα

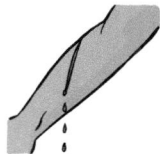

chu xue

αιμορραγία

xin zang bing fa zuo

έμφραγμα

zhong feng

εγκεφαλικό

guo min

αλλεργία

ke sou

βήχας

fa shao

πυρετός

liu gan

γρίπη

fu xie

διάρροια

tou tong

πονοκέφαλος

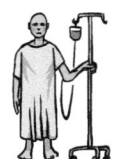

ai zheng

καρκίνος

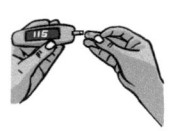

tang niao bing

διαβήτης

wai ke yi sheng

χειρουργός

shou shu dao

νυστέρι

shou shu

εγχείρηση

CT

αξονική τομογραφία

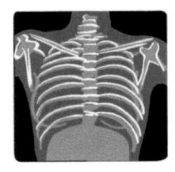

X guang

ακτινογραφία

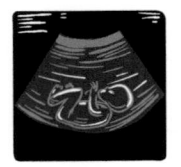

chao sheng bo

υπέρηχος

kou zhao

μάσκα

ji bing

ασθένεια

hou zhen shi

αίθουσα αναμονής

guai zhang

πατερίτσα

shi gao

χάνσαπλαστ

beng dai

επίδεσμος

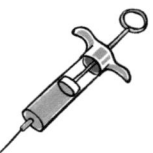

zhu she

ένεση

ting zhen qi

στηθοσκόπιο

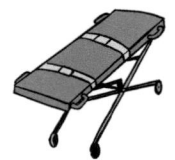

dan jia

φορείο

ti wen ji

θερμόμετρο

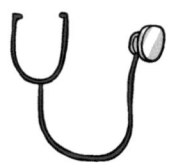

chu sheng

γέννηση

chao zhong

υπέρβαρο

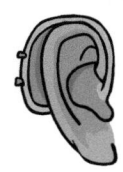

zhu ting qi

ακουστικό βαρηκοΐας

xiao du ye

αντισηπτικό

gan ran

λοίμωξη

bing du

ιός

ai zi bing

HIV/AIDS

yao wu

φάρμακο

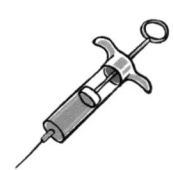

jie zhong yi miao

εμβολιασμός

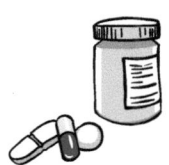

yao pian

δισκία

yao wan

χάπι

ji jiu dian hua

κλήση έκτακτης ανάγκης

xue ya ji

πιεσόμετρο αίματος

sheng bing/jian kang

άρρωστος / υγιής

jing bao

συναγερμός

tu ji

βιαιοπραγία

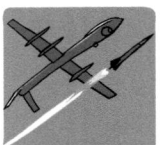

gong ji

επίθεση

wei xian

κίνδυνος

jin ji chu kou

έξοδος κινδύνου

jiu ming!

Βοήθεια!

zhao huo la!

Φωτιά!

mie huo qi

πυροσβεστήρας

yi wai

ατύχημα

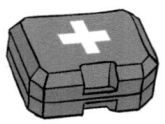

ji jiu xiang

κουτί πρώτων βοηθειών

hu jiu xin hao

SOS

jing cha

αστυνομία

ou zhou

Ευρώπη

bei mei zhou

Βόρεια Αμερική

nan mei zhou

Νότια Αμερική

fei zhou

Αφρική

ya zhou

Ασία

ao zhou

Αυστραλία

da xi yang

Ατλαντικός Ωκεανός

tai ping yang

Ειρηνικός Ωκεανός

yin du yang

Ινδικός Ωκεανός

nan bing yang

Ανταρκτικός Ωκεανός

bei bing yang

Αρκτικός Ωκεανός

bei ji

Βόρειος Πόλος

nan ji

Νότιος Πόλος

nan ji zhou

Ανταρκτική

di qiu

Γη

lu di

γη

hai

θάλασσα

dao

νησί

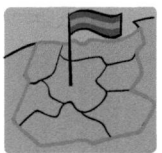

guo jia

έθνος

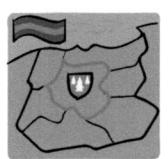

guo jia

πολιτεία

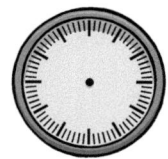

zhong mian

κοντράν ρολογιού

shi zhen

ωροδείκτης

fen zhen

λεπτοδείκτης

miao zhen

δείκτης δευτερολέπτων

xian zai ji dian?

Τι ώρα είναι;

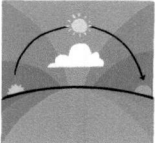

tian

ημέρα

shi jian

χρόνος

xian zai

τώρα

dian zi biao

ψηφιακό ρολόι

fen

λεπτό

shi

ώρα

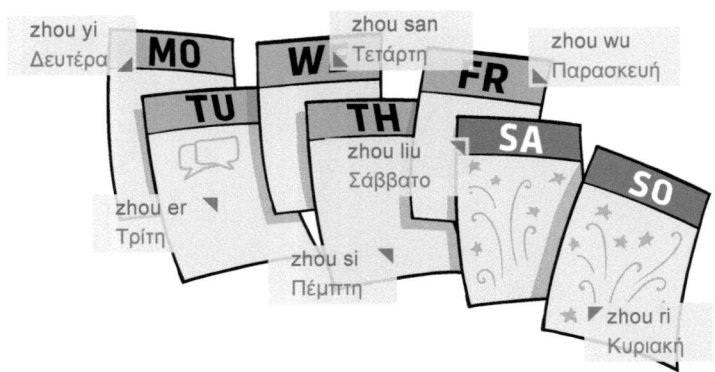

zhou yi
Δευτέρα

zhou san
Τετάρτη

zhou wu
Παρασκευή

zhou er
Τρίτη

zhou liu
Σάββατο

zhou si
Πέμπτη

zhou ri
Κυριακή

zuo tian

χθες

jin tian

σήμερα

ming tian

αύριο

zao chen

πρωί

zhong wu

μεσημέρι

wan shang

βράδυ

gong zuo ri

εργάσιμες ημέρες

zhou mo

Σαββατοκύριακο

nian

έτος

yu
βροχή
cai hong
ουράνιο τόξο
xue
χιόνι
feng
άνεμος
chun
άνοιξη
qiu
φθινόπωρο
xia
καλοκαίρι
dong
χειμώνας

4.APRIL 11°
5.APRIL 4°
6.APRIL 13°
7.APRIL 8°
8.APRIL 10°

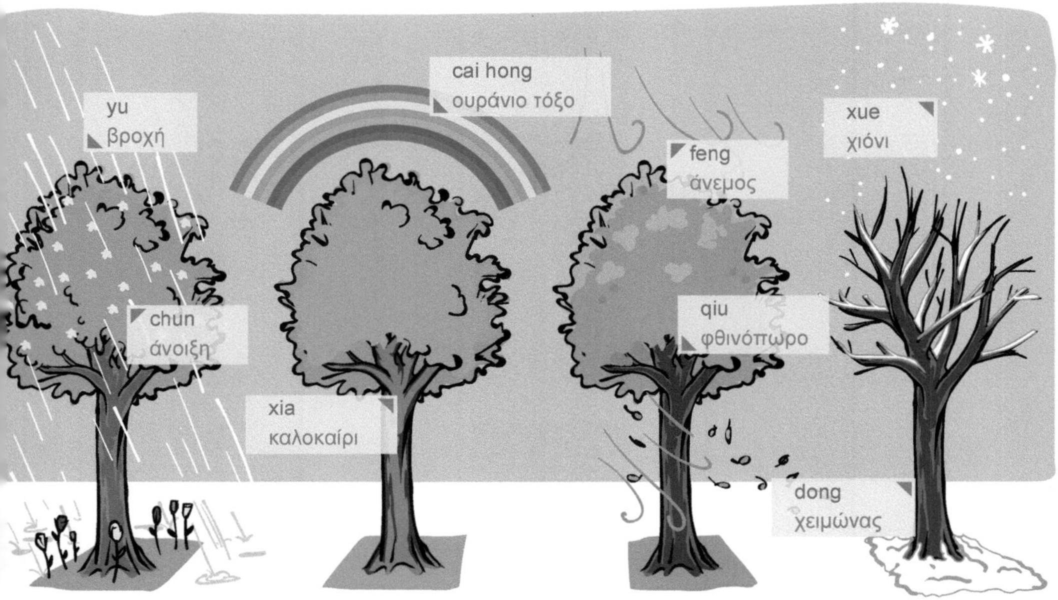

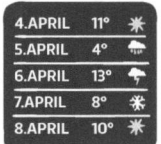

tian qi yu bao

πρόγνωση καιρού

F
C
120
90
60
30
0
-30
40
30
20
10
0
-10
-20

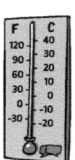

wen du ji

θερμόμετρο

yang guang

λιακάδα

yun

σύννεφο

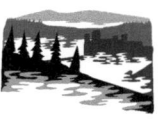

wu

ομίχλη

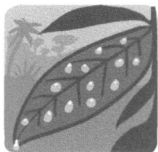

chao shi

υγρασία

shan dian

αστραπή

da lei

κεραυνός

feng bao

καταιγίδα

bing bao

χαλάζι

ji feng

μουσώνας

hong shui

πλημμύρα

bing

πάγος

yi yue

Ιανουάριος

er yue

Φεβρουάριος

san yue

Μάρτιος

si yue

Απρίλιος

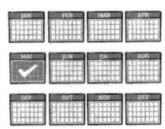

wu yue

Μάιος

liu yue

Ιούνιος

qi yue

Ιούλιος

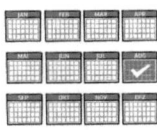

ba yue

Αύγουστος

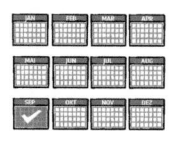

jiu yue

Σεπτέμβριος

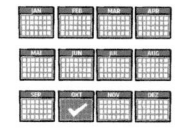

shi yue

Οκτώβριος

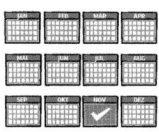

shi yi yue

Νοέμβριος

shi er yue

Δεκέμβριος

xing zhuang
σχήματα

yuan xing

κύκλος

zheng fang xing

τετράγωνο

chang fang xing

ορθογώνιο
παραλληλόγραμμο

san jiao xing

τρίγωνο

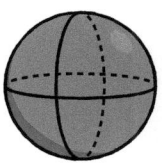

qiu ti

σφαίρα

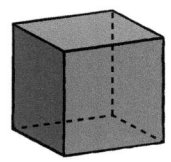

li fang ti

κύβος

bai

άσπρο

huang

κίτρινο

cheng

πορτοκαλί

fen

ροζ

hong

κόκκινο

zi

μωβ

lan

μπλε

lü

πράσινο

zong

καφέ

hui

γκρι

hei

μαύρο

hen duo/shao xu

πολύ / λίγο

sheng qi/ping jing

θυμωμένος / ήρεμος

mei/chou

όμορφος / άσχημος

shou/wei

αρχή / τέλος

da/xiao

μεγάλος / μικρός

ming/an

φωτεινός / σκοτεινός

xiong di/jie mei

αδελφός / αδελφή

gan jing/ang zang

καθαρός / λερωμένος

wan zheng/que shi

πλήρης / ατελής

bai tian/wan shang

ημέρα / νύχτα

si/sheng

νεκρός / ζωντανός

kuan/zhai

φαρδύς / στενός

ke shi yong/fei shi yong

βρώσιμος / μη βρώσιμος

xie e/shan liang

κακός / ευγενικός

xing fen/wu liao

ενθουσιασμένος /
βαριεστημένος

pang/shou

παχύς / λεπτός

di yi/zui hou

πρώτος / τελευταίος

peng you/di ren

φίλος / εχθρός

man/kong

γεμάτος / άδειος

ying/ruan

σκληρός / μαλακός

zhong/qing

βαρύς / ελαφρύς

e/ke

πείνα / δίψα

sheng bing/jian kang

άρρωστος / υγιής

fei fa/he fa

παράνομος / νόμιμος

cong ming/yu ben

έξυπνος / χαζός

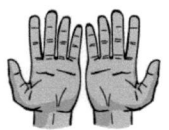

zuo/you

αριστερός / δεξιός

jin/yuan

κοντινός / μακρινός

xin/jiu

καινούριος / μεταχειρισμένος

mei you/you xie

τίποτα / κάτι

lao/you

γέρος | νέος

kai/guan

αναμμένος / σβηστός

da kai/he shang

ανοιχτός / κλειστός

an jing/chao nao

χαμηλόφωνος / μεγαλόφωνος

fu/qiong

πλούσιος / φτωχός

dui/cuo

σωστός / λανθασμένος

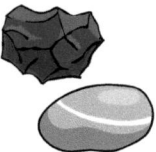

cu cao/guang hua

τραχύς / λείος

shang xin/gao xing

λυπημένος / χαρούμενος

duan/chang

κοντός / μακρύς

man/kuai

αργός / γρήγορος

shi/gan

υγρός / στεγνός

wen nuan/liang shuang

ζεστός / δροσερός

zhan zheng/he ping

πόλεμος / ειρήνη

0

ling

μηδέν

1

yi

ένα

2

er

δύο

3

san

τρία

4

si

τέσσερα

5

wu

πέντε

6

liu

έξι

7

qi

εφτά

8

ba

οκτώ

9

jiu

εννιά

10

shi

δέκα

11

shi yi

έντεκα

12

shi er

δώδεκα

13

shi san

δεκατρία

14

shi si

δεκατέσσερα

15

shi wu

δεκαπέντε

16

shi liu

δεκαέξι

17

shi qi

δεκαεφτά

18

shi ba

δεκαοκτώ

19

shi jiu

δεκαεννέα

20

er shi

είκοσι

100

bai

εκατό

1.000

qian

χίλια

1.000.000

bai wan

εκατομμύριο

ying yu

Αγγλικά

mei shi ying yu

Αμερικάνικα Αγγλικά

pu tong hua

Μανδαρίνικα Κινέζικα

yin di yu

Χίντι

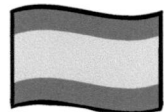

xi ban ya yu

Ισπανικά

fa yu

Γαλλικά

a la bo yu

Αραβικά

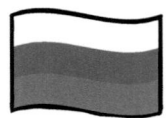

e yu

Ρώσικα

pu tao ya yu

Πορτογαλικά

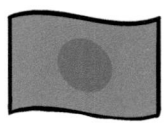

feng jia la yu

Μπενγκάλι

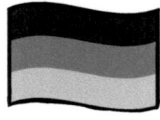

de yu

Γερμανικά

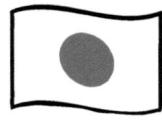

ri yu

Ιαπωνικά

wo

εγώ

ni

εσύ

ta/ta/ta

αυτός / αυτή / αυτό

wo men

εμείς

ni men

εσείς

ta men

αυτοί / αυτές / αυτά

shei?

ποιος / ποια / ποιο;

shen me?

τι;

zen yang?

πώς;

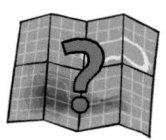

na li?

πού;

shen me shi hou?

πότε;

ming zi

όνομα

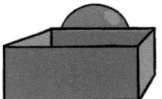

hou mian
....
πίσω

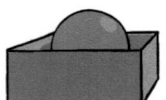

li mian
....
μέσα

qian mian
....
μπροστά

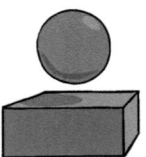

shang fang
....
πάνω από

shang mian
....
πάνω

xia mian
....
κάτω

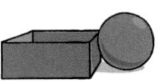

pang bian
....
δίπλα

zhong jian
....
ανάμεσα

di dian
....
μέρος